KB099827

김웅래 교수 정년기념

개그폭탄 일팔공

김 웅 래

제이앤씨
Publishing Corporation

일생을 오로지 한길로 달려왔다
내 직업에 감사하며 행복을 느낀다

웃음을 만나러 길을 나서고
해학을 찾으러 책을 뒤지고
유머를 모으려 여행을 떠나고
코미디를 보려고 TV를 켠다

이미 찾은 코미디에 대한 무한애정
숨겨져 있는 해학에 대한 호기심
내 곁에 든든히 버티고 서있는 유머들
내 생각을 온통 지배해 온 코미디

귓가를 지나는 수없는 웃음소리들
눈앞에 아른거리는 코믹한 표정들
입가에 떠오르는 유머러스한 얘기들
코끝을 스치는 세월의 잘익은 냄새들

웃 자만 봐도 '웃음'에 관한 것인가
해 자만 봐도 '해학'에 관한 것인가
유 자만 봐도 '유머'에 관한 것인가
코 자만 봐도 '코미디'에 관한 것인가

한평생 오로지 웃음만이 내 전부였다
내 직업에 감사하며 행복을 느낀다

미운아들

강도사건이 자주 발생하는 마을이 있었다.

그래서 그곳 사람들은 아예 지갑을 두고 다니곤 했다.

어느 이른 아침 석이 아빠가 출근길에 칼을 든 강도와 마주쳤다.

"어서 지갑을 내놔, 안 그러면 죽여 버리겠다!"

"아, 이거 어쩌죠? 지갑을 두고 왔는데…"

뺏길 것이 없으니 속으로는 태연했지만 석이 아빠는 어쩔 줄 모르겠다는 듯 연기를 했다.

강도가 석이 아빠의 몸을 샅샅이 뒤졌지만 정말로 동전 한 닢 나오지 않았다.

"에잇! 오늘은 아침부터 재수가 없군!"

강도가 짜증을 내며 발길을 돌리려는데 석이가 저만치서 뭔가를 흔들며 달려왔다.

"아빠, 지갑을 놓고 가셨어요!"

부부싸움 1

아내에게 물었다.

"우리 결혼기념일에 어디 가고 싶어?"

난 아내가 고마워하며 흐뭇해하는 얼굴을 볼 생각에 기뻤다.

아내는 이렇게 대답했다.

"오랫동안 가보지 못한 곳에 가고 싶어."

그래서 난 제안했다.

"부엌에 가 보는 건 어때?"

그래서 부부싸움은 시작 되었다.

부부싸움 2

마트에서 아내에게 맥주 한 박스를 사라고 얘기했다.

하지만 아내는 화장품을 샀다.

나는 아내에게 화장품을 쓰는 것보단 차라리 내가 맥주를 마시면 당신이 더 예뻐 보일 거라고 이야기했다.

그래서 부부싸움은 시작 되었다.

부부싸움 3

내가 어젯밤에 집에 갔을 때 아내가 좀 비싼 곳에 데려가 주지 않겠느냐고 했다.

그래서 난 아내를 주유소에 데려갔다.

그래서 부부싸움은 시작 되었다.

앉아!

이른 새벽 이대통령이 연휴라서 가볍게 추리닝을 입고 경호원도 대동하지 않은 채 삼청공원 길을 산책하고 있었다.

산책로에는 개를 데리고 나온 사람들이 많았다.

그런데 그중에서 몸집이 제일 크고 험상궂게 생긴 개가 대통령을 보자마자 큰 소리로 짖어대며, 금방이라도 달려들어 물어뜯을 것만 같아 대통령의 등골이 서늘할 정도였다.

대통령을 알아본 개 주인이 몹시 당황해서 개에게 소리쳤다.

"앉아!"

그러자 하얗게 질린 낯빛으로 대통령이 얼른 앉았다.

편파적 기도

어느 추운 겨울날 눈이 많이 쌓여 길이 엄청 미끄러웠다.

그날 교회 목사님은 마침기도로 미끄러운 빙판길에 넘어져 다치지도 말고 특히 교통사고도 안 나게 해달라고 간절히 기도했다.

예배를 마치고 목사관에 있는데 2명의 교인이 찾아왔다.

"목사님 앞으로는 너무 편파적인 기도를 하지 말기를 원합니다."

"무슨 말씀들입니까?"

"저는 자동차 정비업자입니다."

"저는 정형외과 담당자입니다."

"그런데요?"

"목사님 아직 저의 뜻을 모르신단 말입니까?

목사님 기도처럼 아무사고도 안 나면 저희들은 장사가 되지 않아 굶게 됩니다.

제발 앞으로는 너무 편파적인 기도를 안 하셨으면 합니다."

어떤 응답

약혼을 앞둔 어떤 아가씨는 자신의 얼굴이 너무 큰 것에 스트레스를 받고 있었다.

그래서 신앙심이 강한 이 아가씨는 깊은 산 기도원에 가서 기도하기로 했다.

제발 얼굴이 주먹만 해 졌으면 좋겠다고 밤새 참나무를 움켜잡고 눈물 콧물을 흘리며 기도했다.

때론 너무 답답해 주먹으로 나무를 치며 간절히 기도했다.

기도의 효험이 있었던지 새벽에 동이 터오자 그녀는 놀라운 사실을 발견했다.

그녀의 주먹이 퉁퉁 부어서 크기가 얼굴만 해져 있었다.

지금도... 여전히...

"여보, 저기 저 장소 기억해요?

우리가 연애할 때 만나던 장소에요."

"그렇군, 지금도 같은 짓을 하는 바보 녀석들이 여전히 있군!"

캐비닛 비밀번호

사제관에 근무하는 시종이 신부님이 출타하신 중에 캐비 닛을 열어야 할 일이 생겼다.

캐비닛의 비밀번호는 좌로 3번 그다음 우로 2번 마지막 으로 좌로 1번 돌려서 번호를 맞춰야 열렸다.

그런데 앞의 두 번호는 생각이 났는데 마지막 한번 돌릴 때 맞추는 번호는 영 생각이 안났다.

시종이 끙끙거리며 캐비닛을 열려고 하는데 마침 신부님 이 오셨다.

사정 이야기를 듣고 신부님은 하늘을 쳐다보시면서 기도 문을 외우듯 중얼거리며 캐비닛 번호를 맞추셨다.

드디어 캐비닛이 열렸다. 신기했다. 그래서 시종이 물었다.

"신부님 하나님께 기도하시면 이렇게 응답해 주시나요?"

그러자 신부님이 대답하셨다.

"이 사람아 저기 천장에 번호가 쓰여 있잖아."

결혼을 승낙한 이유

한 처녀가 신학생을 열렬히 사랑하고 있었다.

부모들은 막무가내로 그들 사이의 결혼을 반대하고 있었다.

이유는 목사라는 직업이 가난하기 때문에 생계를 꾸려나가기 매우 어려워 딸을 고생하게 맡길 수 없다는 거였다.

그러나 부모는 최종 결정은 신학생의 설교를 들어보고 난 후 결정하기로 했다.

설교를 들어본 후 부모는 결혼을 승낙했다.

신학생이 여자의 부모님께 물었다.

"저의 설교에 감명 받으시고 확신을 가지셨군요?"

그러자 처녀의 부모가 대답했다.

"우리가 자네의 설교를 들어보니 자네는 결코 목사가 될 수 없다는 확신을 가졌다네."

　자동차 정비사가 엔진을 정비하고 있는데, 마침 그 동네에서 살고 있는 외과의사가 들렀다.

　정비사가 그를 알아보고 인사를 했다.

　"의사선생님 이거 보세요. 제가 지금 엔진을 해부하고 수리하고 나면 새것이 됩니다.

　의사선생님께서 하시는 일과 비슷한 일이지요.

　그런데 왜 제 봉급은 의사 선생님보다 훨씬 적은지 이해할 수 없어요."

　의사가 웃으며 대답했다.

　"엔진이 작동하고 있을 때 수리해 보세요."

나의 핑크빛 연애의 종말

엄마가 벌컥 문을 열고 내 방으로 들어오셨다.

"너 연애 하냐? 이런 것까지 안 보여줘도 되니까 성적표나 줘."

나는 엄마 손에 들린 핑크빛 편지지를 망연히 바라보았다.

분명 내가 밤새 쓴 편지였다.

봉투가 없어 규격봉투에 넣었던 편지…

그럼 내가 짝사랑하다가 어제 찬스가 생겨 마을버스 안에서 소녀에게 건네준 것은 성적표가 들어 있는 규격봉투?

난 엄마 팔을 붙잡고 아무 말도 하지 못했다.

"그렇게 매달려도 소용 없어! 성적표 내놔!"

"에구 구구구!!! 망했다!!!!!!"

여관에서 쉬었다 가자

나에게도 어여쁜 여자친구가 생겼다.

그녀와 만난 지 2주일 쯤 지난 후에 기차를 타고 춘천을 놀러갔다.

하루 종일 즐거운 시간을 보냈고 사이도 엄청 가까워졌다.

많은 추억을 간직한 채 저녁이 되어 춘천역에서 서울로 돌아올 차를 기다리게 되었다.

열차시간이 1시간이 더 남아서 역 주변을 거닐었다.

알다시피 역 주변은 여관과 식당들만 있을 뿐이다.

겨울이라 밖에 있기도 춥고, 여관 간판을 보며 '저기서 쉬면 따뜻할 텐데…'하는 생각이 들었지만 용기가 안 났다.

"춥지? 아직 한 시간정도 남았는데 뭘 할까? 커피숍 갈까?"

"아니, 시간도 애매하고 커피숍 가면 돈이 아까워."

이어서 그녀가 말했다.

"우리 여관에서 쉬고 있을까?"

순간 아찔했다.

"헉! 아니, 나야 좋긴 한데…"

당황한 나는 어쩔 줄 몰라 하며 그녀를 바라보는데 그녀가 다시 말했다.

"왜 그래? 역 안에서 쉬고 있자니까…"

엄마가 날 이렇게 낳았잖아!

깐순이는 치아가 너무 못생겨서 친구들에게 많은 놀림을 받았다.

견디다 못한 깐순이는 엄마에게 사정을 했다.

"엄마, 이빨 교정 좀 해줘요. 이빨이 이상하다고 친구들이 엄청 놀려…"

"얘, 그거 너무 비싸!"

"이게 다 엄마 때문이야, 엄마가 날 이렇게 낳았잖아."

그러자 엄마가 하는 한마디

"내가 낳았을 때는 너 이빨 없었어!"

잠꾸러기

선생님 : 영철아 너 왜 지각했니?

영 철 : 솔직히 말씀드리면 늦잠을 자느라고 지각했어요.

선생님 : 영철아, 너 집에서도 잠을 자니?

저 역시 우유를 먹고 자랐지만‥

사자가 등장하는 영화장면에서 젊은 사내가 엑스트라역할을 맡았다.

촬영을 막 시작하려는 찰나 엑스트라는.

"나 이 역할 포기할래요. 저 사자를 못 믿겠어요!"

그러자 감독이 말했다.

"여보게 저 사자는 태어날 때부터 길들이기 위해 우유만 먹여 길렀다고. 그러니 절대 당신에게 해를 끼치지 않을 테니 안심하게."

그러자 엑스트라역의 사내가 이렇게 말했다.

"저 역시 태어날 때부터 우유를 먹고 자랐죠. 하지만 이따금 고기생각이 나더라고요."

아내와 선거

선거에 후보로 출마했던 남편이 개표 후 집에 돌아왔다. 풀이 죽어 있는 남편에게 아내가 말했다.

"그래, 몇 표나 얻었어요?"

"두 표 얻었소."

그러자 아내는 남편을 마구 때리며 소리 질렀다.

"당신, 좋아하는 여자 생겼지!"

수업시간에 있었던 일

오늘 수업시간에 있었던 일입니다.

자동차엔진의 역학 시간이었는데, 한 학생이 열심히 옆 학생과 떠들고 있었어요.

그러자 교수님이 하시는 말씀,

"학생! 옆에 있는 학생보다 내가 더 많이 아니까 나한테 물어보게."

이랬다가 한방 맞았다.

학생의 대답,

"여자 친구 있느냐고 물어봤는데요."

영화를 보러 갔다가

부부끼리 영화를 보러갔다.

아내 : 영화 뭐 볼까?

남편 : '아저씨' 재밌겠는데… 아저씨 볼래.

아내 : '아저씨'는 맨날 보니깐 보지 말고 '악마를 보았다.'
　　　볼까?

남편 : '악마'는 집에서 맨날 보니깐 딴거 보자.

특수 자물쇠

자전거를 도둑맞고, 새로 산 자전거 자물쇠를 사기 위해
철물점에 갔다.

"아저씨. 절단기로 절대로 안 잘릴 만한 자전거 자물쇠
없을까요?"

"응, 그럼 보통 자물쇠 말고 아예 쇠사슬로 해~"

"그래요? 그럼 그걸로 하나 주세요."

"잠시만 기다려, 학생"

하시더니, 길~게 걸려있던 쇠사슬을 알맞은 길이로… '절단
기'로 잘라 주셨다.

가슴 속에 담아두어야 할 5가지 메시지

첫 번째 메시지

　남자는 여자의 생일을 기억하되 나이는 기억하지 말고,
　여자는 남자의 용기는 기억하되 실수는 기억하지 말아야
　한다.

두 번째 메시지

　달릴 준비를 하는 마라톤 선수가 옷을 벗어 던지듯
　무슨 일을 시작할 때는 잡념을 벗어 던져야 한다.

세 번째 메시지

　두 도둑이 죽어 저승에 갔다.
　한 도둑은 남의 재물을 훔쳐 지옥엘 갔고,
　한 도둑은 남의 슬픔을 훔쳐 천당에 갔다.

네 번째 메시지

　웃음 소리가 나는 집엔 행복이 와서 들여다보고,
　고함 소리가 나는 집엔 불행이 와서 들여다본다.

다섯 번째 메시지

　돈으로 결혼하는 사람은 낮이 즐겁고,
　육체로 결혼한 사람은 밤이 즐겁다.
　그러나 마음으로 결혼한 사람은 밤낮이 즐겁다.

거친 숨소리로 내뱉은 한마디

남자친구의 군 입대가 정확히 보름 남았다. 하루하루가 너무나 짧고 아쉬운 지금이다.

모처럼 만나러 온 남자친구를 밤기차로 보내면서 배웅하는 길에 물었다.

"그냥 내일 가면 안 돼?"

"안 돼! 낼 시골 가서 할머니도 뵈야 하고…."

내 한마디면 다음날 가고도 남았을 녀석인데, 어쩐지 그날은 완강히 거절했다.

그렇게 기차역에 가서 겨우 남은, 밤 10시 좌석 기차표를 하나 끊고……

손 흔드는 남자친구를 뒤로 한 채 버스에 올라탔다.

멍하니 창밖을 보며 한 정거장을 지나서였다.

거칠게 숨을 몰아쉬며 그가 버스에 올라탔다.

너무나 헐떡이는 숨을 고르지도 못한 채, 내 팔을 강하게 부여잡았다. 가슴이 터질 것 같았다.

무슨 말을 하려는 듯 나를 보는 그였다. 뭐라고 말할까. 이 많은 사람들 앞에서 사랑한다고? 아님 기다려 달라고?

나를 다시 만나기 위해 한 정거장 버스를 따라 달려온 것이다. 죽을 듯이 거친 숨을 몰아쉬며……

사람들의 시선이 우리에게 집중되었고 그가 천천히 입을 뗴었다.

"헉헉… 기…차 …표…내…놔… 꼴통아…!"

현실은 그렇게 달콤하지 않다. 나라면 새로 한 장 끊는다.

범사에 감사

조그마한 시골 교회를 맡고 있는 어떤 목사님이 배추밭을 매고 있었다.

가을 햇볕은 뜨겁고, 잡초는 끝없이 이어지고…… 그때 악마가 나타나서 말했다.

"목사님, 이래도 범사에 감사할 수 있습니까?"

목사님은 악마의 유혹을 물리치려고 한참을 궁리하다가 이렇게 말했다.

"하나님, 감사합니다!

이 많은 잡초가 메뚜기처럼 이리저리 뛰어다니지 않고 한자리에 있어서, 제가 잡초를 다 뽑을 수 있도록 해주시니 정말 감사합니다."

내가 호랑이 새끼를 키웠다고!

사부 : 아니… 네가 감히 나에게 어떻게!

제자 : 사부님, 제가 세상에서 제일의 무술인이 되기 위해서는 어쩔 수 없습니다.

사부 : 난 너를 어렸을 때부터 자식처럼 키워왔다. 근데 네가 나를 죽이려 하다니!

제자 : 죄송합니다. 이얍! (제자의 발길질에 쓰러진 사부)

사부 : 헉! 내가 호랑이 새끼를 키웠어. 호랑이 새끼를…

제자 : 그걸 이제야 아셨다니 불쌍하군요. 안녕히 가십시오.

사부 : 다시 한번 생각해 봐라. 내가 호랑이 새끼를 키웠다고.

제자 : 더 이상 생각할 필요도 없습니다. 안녕히 가십시오.
(제자가 사부를 죽이려 하자 갑자기 제자 뒤에서 호랑이가 나타나 제자를 덮쳤다)

사부 : 내가 '호랑이 새끼를 키웠다'고 몇 번이나 얘기 했잖아! 이 멍청한 놈아!

음주운전

멍청이가 술을 진탕 마시고 클럽에서 나왔다.

술에 취한 채 운전을 하던 멍청이가 그만 경찰차를 들이받고 말았다.

그러고는 차에서 내려 차가 심하게 망가진 것을 보고 소리쳤다.

"오, 이런! 차가 박살나 버렸어! 그런데 경찰은 누가 부른 거야? 정말 빨리왔네!!!"

술 퍼마시는 이유

캠퍼스 한 쪽 벤치에 대낮부터 앉아서 술을 마시고 있는 학생을 보고 지나가시던 교수가 물었다.

교수 : 대낮부터 무슨 술이니?

학생 : 지금 제 마음속에 있는 근심과 걱정을 몽땅 술에 익사시키려고 마시는 겁니다. *끄~윽~*

교수 : 소용없다. 그 근심과 걱정이란 놈들은 몽땅 최고의 수영선수란걸 명심해라! 알겠니?

주막집에서 생긴 일

산적들이 들끓는 산 밑의 주막.

해가 뉘엿뉘엿 넘어가자 사람들이 주막으로 모여들기 시작했다.

산적이 무서워 날이 밝으면 산을 넘겠다고 하는 장사꾼들이었다.

그때 한쪽 구석에서 홀로 술을 마시던 남자가 일어나더니 산 쪽으로 걸음을 옮겼다.

사람들이 모두 말렸다.

"앞길이 구만리 같은 사람이 무슨 무모한 짓이오."

그러자 그가 담담히 이렇게 말한 후 어둠 속 고갯길로 사라졌다.

"오늘이 그 산적들 칼 갈아 주는 날이오."

금주 이유

술고래인 아버지가 오늘도 거실에 큰대자로 쓰러져 주무시고 계셨다.

바닥에 입을 벌리고 주무시는 모습이 안쓰러워 나는 99% 초코렛이 건강에 좋다는 말이 생각나서 아버지 입 속에 초코렛을 한 조각 넣어드렸다.

다음날 아침 일어나 거실에 나와 보니, 아버지가 비장한 말투로 나에게 말씀하셨다.

"얘야, 이제 나도 술을 끊어야겠다."

"정말 생각 잘하셨어요. 근데 왜요?"

"이젠 쓸개즙이 나온다."

당신 어제 저녁에 한 일을 알고 있다

알코올 중독인 남자가 밤 3시가 다 되어 술집에서 일어났다.

그런데 일어나자마자 자리에서 넘어졌다.

다시 일어나려다가 앞으로 고꾸라졌다.

다시 일어났지만 결과는 똑같았다.

그래도 남자는 집에 가야 한다는 일념으로 기어서 밖으로 나갔다.

길거리에서 앞으로 계속 넘어졌다.

그렇게 남자는 일어섰다 넘어 졌다를 반복하며 2Km가 넘게 기어서 집으로 갔다.

집에 겨우 도착했으나 문 앞에서 다시 넘어졌다.

남자는 침대까지 기어가서 침대를 잡고 일어서 보았다.

그러나 곧바로 남자는 침대 위에 쓰러졌다.

그리고 곧 잠이 들었다. 다음날 아침,

아내 : 당신! 일어나! 어젯밤 또 술 먹고 온 거지?

남자 : 그걸 당신이 어떻게 알아?

아내 : 술집에서 전화 왔었어. 당신이 또 휠체어 놓고 갔다고.

후한 팁

어느 날 부자가 터키탕에 갔다.

그의 옷차림이 초라했기 때문에 종업원은 그를 대수롭지 않게 여겨서 작은 비누와 너덜너덜한 수건을 주었다.

목욕을 마친 그는 종업원들에게 금화 한 개씩을 각각 주었다.

그들은 놀랐다.

그가 홀대에 대해 불평하기는커녕 후한 팁을 주었기 때문이다.

그를 융숭하게 대접했더라면 더 많은 금화를 팁으로 주지 않았을까?

일주일 후 부자가 다시 그 터키탕에 갔다.

이번에는 종업원들이 그를 알아보고 왕처럼 대접했다.

그들은 그에게 마사지를 해주고 향수를 뿌리는가 하면 극도로 정중하게 모셨다.

목욕이 끝나자 그는 그들에게 각각 전혀 쓸모도 없는 동전 하나씩 주었다.

실망에 찬 그들의 표정을 바라보면서 부자가 말했다.

"이 동전은 지난 번 서비스에 대한 것이고 지난번 금화는 오늘 서비스에 대한 것이다."

사람이 태어나고 죽는 일이 끝나는 시기는?

병태가 신앙심이 깊은 선지자에게 물었다.

"사람들은 얼마나 오랫동안 태어나고 죽을 겁니까?"

선지자가 엄숙한 표정으로 대답했다.

"천당과 지옥이 가득 찰 때까지 사람들은 태어나고 죽을 겁니다.

양쪽이 가득 차면 인간이 태어나고 죽는 일도 끝나지요."

복 받는 방법

어떤 제빵 업자가 교회 안에서 엄청난 큰 목소리로 복을 달라고 통성기도를 올리고 있었다.

그러자 그의 옆에 있던 장로가 제빵 업자에게 충고하기를

"형제님, 기도소리는 지금보다 더 작게 하고, 그 대신 빵을 더 크게 만들어 팔면 분명 하나님이 더 큰 부자 될 복을 내려 주실겁니다!"

요리법은 내가 가지고 있다

병태가 시장에 가서 어린양의 간을 사가지고 집으로 돌아가는 길에 친구를 만났다.

친구가 양의 간을 어떻게 요리할 것인지 물었다.

그는 이렇게 대답했다.

"그냥 프라이 할 작정이야."

"프라이 하는 것보다 더 좋은 요리법을 난 알아."

친구는 요리법을 종이에 적어서 그에게 주었다.

그는 매우 기뻐하면서 한시바삐 집에 돌아가서 요리하려고 했다.

그러나 도중에 커다란 까마귀가 그의 손에 들었던 어린양의 간을 채어가 버렸다.

화가 머리끝까지 뻗친 그가 까마귀를 향해 소리쳤다.

"이 도둑놈아! 넌 그걸 맛있게 먹을 수는 없어. 그 요리법은 내가 가지고 있단 말이야!"

나머지 반쪽

어느 날 병태가 솜씨가 매우 서툰 이발사의 이발소에 들어 갔다.

이발사는 매우 무딘 면도칼로 그를 면도하기 시작했다.

상처가 생길 때마다 이발사는 상처에 솜을 붙여 피를 멈 추게 했다.

얼굴 절반의 면도가 끝났을 때, 여기저기 솜이 붙어 있는 자기 얼굴을 거울을 통해 본 병태가 벌떡 일어나며 소리쳤다.

"이봐요, 그만하면 됐어요! 내 얼굴 반쪽에 면화가 자라고 있으니 나머지 반쪽에는 호밀을 심고 싶다 이거요!"

죄수의 마지막 희망

독방에 비가 새는 것을 본 죄수의 말…

"어딘가 빠져나갈 구멍이 있겠군!"

무화과

어느 날 부자가 율법학자를 만찬에 초청했다.

부자는 하인에게 온갖 맛있는 음식을 가져오라고 지시했다.

하인이 지시대로 했는데 무화과만 빠졌다.

식사가 끝날 무렵 주인이 율법학자에게 성경의 한 구절을
읽어 달라고 청했다.

그가 성경을 펴자 '무화과와 올리브와 시나이 산의 이름
으로'라는 구절이 눈에 띠었다.

율법학자가 그 구절을 읽기 시작했다.

"가장 자비로우신 하나님의 이름으로, 올리브와 시나이
산의 이름으로…"

성경 지식에 일가견이 있는 주인이 말을 막았다.

"당신은 무화과를 빠뜨렸잖아요!"

율법학자가 대꾸했다.

"'무화과'를 빠뜨린 것은 내가 아니고 당신이라고요!"

선장의 가장 큰 비밀

유능한 선장 한분이 있었다.

모든 선원들이 그를 몹시 좋아했다.

언제, 어디서나 문제가 생기면 그들은 선장을 찾아가 상의하고, 그는 모든 문제를 잘 알고 해결해 주었다.

아침에 자기 선실을 나설 때마다 이 늙은 선장은 금고에서 종이쪽지를 꺼내서 읽어본 다음 그것을 다시 금고에 넣고는 했다.

선원들은 누구나 그 종이쪽지에 무슨 글이 적혀 있는지 선장이 죽기 전에 알고 싶어 안달했다.

그러나 그들은 금고에 접근 할 수 없었다.

그래서 그가 죽은 뒤 장례를 치르고 애도 기간이 지나서야 선원들이 모여서 금고를 열고는 드디어 문제의 그 종이쪽지를 읽어볼 수 있었다.

거기에선 이렇게 적혀 있었다.

"우현右舷은 오른쪽이다. 좌현左舷은 왼쪽이다."

할아버지만의 전쟁?

강원도 철원에 거주하는 어느 노인이 한국전쟁에서 자신의 무용담을 손자 손녀들에게 늘어놓았다.

아이들은 입을 딱 벌린 채 그의 말에 귀를 기울였다.

그런데 갑자기 일곱살짜리 손자가 물었다.

"할아버지! 할아버지는 왜 적군들에게는 총을 쏠 기회를 전혀 주지 않는 거예요?"

발레에 관하여

정숙이와 영숙이가 난생 처음 발레공연을 구경하려고 극장에 갔다.

그들은 젓가락처럼 몸이 매우 마른 소녀들이 뾰족한 신발을 신은 채 춤추는 모습을 바라보았다.

정숙이가 영숙이 쪽으로 몸을 기울이면서 말했다.

"저거 고문 하는 거 아냐? 왜 키가 좀 더 큰 소녀들을 동원해서 춤을 추게 안하고, 발끝을 겨우 들어야 키가 맞잖아!"

그래, 너 천재다!

병태가 하루는 박스 속에 든 조각 맞추는 퍼즐을 하나 사가지고 와서는 꼬박 한달 동안 씨름을 한 끝에 마침내 퍼즐을 모두 맞추었다.

의기양양해진 병태는 친구한테 자랑을 했다.

"이것 좀 봐. 완벽하지!"

"우와, 대단하다! 이거 맞추는데 얼마나 걸렸니?"

"한달."

"한달이면 빠른거니?"

"그럼! 여기 Box에 24개월~36개월이라고 써있잖아!"

월급에 관한 일반상식

월급이 적으면 일이 힘들고

월급이 많으면 일이 쉽다.

낙원에서 쫓겨난 때는

어린이 예배 때 목사님이 아이들에게 물어보았다.

"어린이 여러분, 아담과 하와가 낙원에서 언제까지 살았을까요?

누구 아는 사람 있으면 얘기해 보세요!"

잠시 침묵이 흐른 뒤 3학년 병팔이가 손을 번쩍 들고 말했다.

"목사님, 9월 말 까지 산 게 틀림없습니다."

목사는 소년에게 다시 물었다.

"병팔아 왜 그렇게 생각하니?"

병팔이의 대답이 과학적이었다.

"목사님, 사과는 9월이나 돼야 익거든요."

쇼핑 법칙

남자는 필요한 1천원 짜리 물건을 2천원에 산다.

여자는 필요없는 2천원 짜리 물건을 1천원에 산다.

성서 실력

음대교수가 이제 막 피아노 실기 시험을 끝낸 학생의 어머니에게 물었다.

"댁의 따님은 어디서 피아노를 배웠습니까?"

그 어머니가 대답했다.

"어떤 수녀님한테 배웠는데, 왜요?"

그러자 그 교수는 뭔가 집히는 데가 있다는 듯이 고개를 끄덕이며 말했다.

"댁의 따님은 분명히 성서에 조예가 깊은 선생님한테 배웠을 것이라고 짐작하고 있었습니다."

그 학생의 어머니가 궁금해서 물었다.

"교수님, 뭘 보고 그걸 알 수 있나요?"

그 교수가 대답했다.

"피아노 칠 때 따님의 오른손은 왼손이 뭘 하는지 도무지 모르고 있더군요."

(성서에 '왼손이 하는 일을 오른손이 모르게 하라' 라는 말씀이 있음)

생물학 상식

생물학 시간에 선생님이 물었다.

"어렸을 적에는 여자 아이들이 남자 아이들보다 키가 더 크는 경향이 있는데 왜 그럴까?"

한 학생이 대답했다.

"사내아이들은 고환이 있어서 그게 아래로 끌어내리는 무게 때문입니다."

선생님이 그 학생에게 다시 물었다.

"그렇다면 크고 나서는 남자의 키가 여자보다 더 자라는 건 무엇 때문이지?"

"그건 여자들에게 유방이 있어서 그게 남자들의 고환보다도 무겁기 때문입니다."

이혼 사유

이혼을 원하는 사내가 가정법원으로 갔다.

"왜 이혼하려는 겁니까?"

판사가 물었다.

"밤마다 집에 와보면 아내가 혼자가 아니고 딴 남자와 있는데 그 남자는 장롱 속에 숨어 있습니다."

사내는 대답했다.

"그 때문에 정말 열 받고 미쳐 참을 수 없는 겁니까?"

판사가 다시 물었다.

"물론입니다. 저는 옷을 걸어 놓을 데가 없어 미치고 환장하겠습니다!"

사랑의 신호

몽골의 남녀 한 쌍이 초원을 걸었다.

여자는 수줍어하면서 남자에게 물었다.

"내 손 잡아 보고 싶어?"

"물론이지, 그런데 내 마음을 어떻게 알았지?"

"눈빛으로 알지."

여자가 대답했다.

좀더 걷다가 여자가 물었다.

"키스하고 싶어?"

"당연하지, 그런데 어떻게 알았어."

"눈빛으로 알지."

여자가 대답했다.

나무 그늘 널찍한 바위에 앉으며 여자가 물었다.

"그 다음 것도 하고 싶어?"

"그럼, 그럼. 그건 어떻게 알았지?"

"양복바지 앞이 불룩해졌으니까 ^^"

사장님의 사인

형사가 여비서에게 물었다.

"왜 사장님께서 창밖으로 뛰어내렸어요?"

여비서는 흐느끼면서 대답했다.

"모르겠습니다. 언제나 친절하게 해주셨어요.

두달 전에는 밍크코트를, 지난달에는 스포츠카를, 그리고 어제는 다이아 반지를 선물로 주셨어요.

그리고는 저하고 하룻밤 자고 싶은데 얼마를 줘야하냐고 물었어요."

"그래서 뭐라고 대답했어요?"

형사가 다그쳐 물었다.

"회사의 딴 사내들처럼 20만원만 달라고 했어요."

잠재적 가능성과 현실

작문 숙제를 가지고 집에 온 아이가 아버지에게 도움을 요청했다.

"아빠, 이거 가르쳐줘요. 잠재적 가능성하고 현실하고의 차이 말이에요."

잠시 생각하던 아버지가 말했다.

"내가 가르쳐주마. 너 엄마한테 가서 천 만원 준다고 하면 외간 남자하고 자겠냐고 물어봐라. 그런 다음 누나한테 가서 같은 질문을 하는 거야.

그리고 그 결과를 아빠한테 이야기해줘."

녀석은 어머니에게 가서 물었다.

"엄마, 천 만원을 준다면 다른 남자랑 잘 거야?"

"아빠한테는 말하면 안돼. 하지만 엄만 그럴거야."

누나에게 가서 같은 질문을 했더니

"당연히 그럴거야!"라고 대답하는 것이었다.

그는 아버지에게로 갔다.

"아빠, 이제 알 수 있을 것 같아요.

우리는 잠재적으로 2천 만원을 보유하고 있는 거지만 현실적으로는 지조가 없는 두 여자하고 살고 있는 거네요. 뭐."

여자의 마음

안과검사를 받은 지 여러 해가 된 남편더러 의사를 찾아가 보라고 아내는 성가시게 굴었다.

아내가 보챌수록 남편은 질질 끌었다.

급기야 아내가 남편의 안과 검진 예약을 일방적으로 했다.

병원에 가기 전날 남편은 술 한잔 한 기분에 오랜만에 아내에게 키스도 해주고 포옹도 하며 정말 예뻐 보인다고 했다.

그러자 아내가 이렇게 말했다.

"당신 눈에는 이상이 없나 봐요. 내일 예약은 취소하겠어요."

출근시간

한 신입사원이 세계 각국의 시간이 나오는 손목시계를 동료에게 자랑했다.

이때 부장이 그 곁을 지나며 한마디 했다.

"글로벌시대에 세계 시계도 좋지만 출근만은 우리나라 시간에 맞춰서 하게. 자네, 요 며칠 외국시간으로 출근하지 않았나?"

빗나간 예측

일확천금의 노리는 요염한 30대의 젊은 여자가 75세의 부자 노인을 만나 결혼을 약속했다. 첫날밤에 흥분을 시켜서 그만 숨을 거두게 한 후 유산을 챙기려는 속셈이었다.

드디어 결혼식을 간단히 치루고 첫날밤을 갖게 되었다.

드디어 계획대로 여자는 홀랑 벗고 요염한 자태로 노인이 욕실에서 나오길 기다렸다.

샤워를 끝내고 나오는 남자는 어마어마하게 큰 거시기에 콘돔을 입혔고, 게다가 노인은 귀마개와 코마개까지 하고 있었다.

"코마개와 귀마개는 왜 하셨어요?"

여자가 물었다.

"나는 견디기 어려운 게 두 가지 있어. 여자의 비명 소리와 고무 타는 냄새야!"

늙은 신랑의 말에 여자는 기절해 쓰러졌다.

처방전

약방에 온 여자는 약제사를 보고 비소를 달라고 했다.

"비소를 무엇에 쓰실건데요?"하고 물었다.

"남편을 죽이려고요."

여자가 대답했다.

"그런 목적에 쓰실 거라면 팔 수 없습니다."

약제사의 말이었다.

여자는 핸드백에서 사진 한 장을 꺼내어 약제사에게 보였다. 그녀의 남편과 약제사의 아내가 간통을 하고 있는 장면을 촬영한 것이었다.

사진을 찬찬히 들여다 본 약제사가 말했다.

"아니… 손님, 처방전을 가지고 온 줄은 미처 몰랐네요!"

개밥 사료

한 사료 제조회사에서 유기농 원료를 사용한 신제품 프리미엄급 고급 '개'사료에 대한 제품 설명회를 했다.

담당직원의 설명이 끝나자 참석자가 물었다.

참석자 : 사람이 먹어도 됩니까?

직　원 : 못 먹습니다.

참석자 : 유기농 청정원료로 영양가 높고 위생적으로 제조된 개 사료를 왜 먹지 못한단 말입니까?

직　원 : 비싸서 못 사먹습니다.

이 모양 이 꼴인 이유

한 남자가 재단사에게 맞춤 양복이 너무 오래 걸린다고 투덜댔다.

"6일이나 걸리다니요? 성경에 보면 이 세상도 6일 만에 만들어 졌다고요!"

"알아요, 그러니까 세상이 이 모양 이 꼴이죠."

5년 후의 약속

어느 부인이 교회를 열심히 다니면 복 받는다는 말에 교회를 나갔다.

그런데 목사님께서 5년만 열심히 다니면 집을 사주겠다고 하신다.

그녀는 그 후 한 번도 안 빠지고 매주일 열심히 교회에 다녔습니다.

드디어 5년이 되는 해 교회에서 집사 직분을 맡았습니다. 그런데…

부 인 : 목사님 집 안사주십니까?

목 사 : 네? 집이라뇨?

부 인 : 제가 처음 교회에 나왔을 때 5년만 잘 다니면 집사 준다고 했지 않습니까?

목사님 : 그래서 제가 집사 주지 않았습니까? 네, 집사님!

책임 있는 사람

한 남자가 면접을 보기 위해 자리에 앉았다.

회사 면접관이 지원자에게 말했다.

"우리는 회사 일에 '책임' 있는 사람을 구하고 있습니다."

그러자 지원자가 말했다.

"그렇다면 바로 제가 그런 사람인 것 같군요."

"왜죠?"

"지금까지 제가 있었던 직장에서 무슨 엄청난 사건이 일어날 때마다 모두 나한테 '책임'이 있다고 했거든요."

인사부장

아주 차갑고 비정한 악명 높은 인사부장이 있었다.

자기 마음에 들지 않는 사람은 가차 없이 지방발령을 내든가 허접한 부서로 발령을 내버리기 때문이었다.

어느 날 거래처 직원이 물었다.

"자네 회사 인사부장은 피도 눈물도 없다며?"

"물론이죠, 자기 맘에 안 들면 아마 사장이라도 전근시켜 버릴 겁니다."

이집트의 미이라

이집트의 한 사막에서 발견된 미이라가 유명한 고고학자의 연구실로 옮겨왔다.

여러 기자들과 학자들과 함께 미이라를 잠시 훑어 본 고고학자가 말했다.

"3,000년 전에 심장마비로 죽은 남자의 미이라입니다."

국립과학수사연구소에서 몇 주간 검사를 마친 뒤 발표가 났는데 그 학자가 말한 연대와 사인이 정확했다.

기자들이 학자에게 몰려와서 물었다.

"어떻게 사망연대와 사망원인을 금방 아셨습니까?"

그러자 학자가 대답했다.

"아, 그 친구 손에 이런 종이가 들려 있더라고요. '골리앗에게 1만 세겔'"

다윗과 골리앗의 싸움 때, 골리앗에게 몽땅 걸었다가 심장마비로 죽은 것입니다.

기도를 길게 하는 장로

소위 대표기도를 길게 하는 장로가 있었다.

이 사람은 기도를 시작했다면, 창세기부터 요한계시록까지를 두루 훑으며 기도한다.

인물별로는 에덴동산의 아담부터 시작해서 밧모섬의 요한까지를 거론한다.

그러니 성도들이 얼마나 지루할까?

어느 주일 날 그 장로가 대표기도를 했다.

기도 후 '아멘' 하고 눈을 떴다.

그런데 교인들이 아무도 없는 것이다.

그 넓은 교회 안은 텅 비고, 목사님 혼자만 계셨다.

그 장로가 머리를 벅벅 긁으며,

"목사님, 다 어디 갔지요?"라고 물었다.

"다 나갔어."

"언제 나갔어요?"

"아브라함 때 다 나갔어."

술집과 목사님

어느 목사님이 소주 한 짝을 배달해 달라는 한 여자의 잘못 걸려온 전화를 받았다.

그런데 그 여자의 목소리가 자기 교회 여집사님 목소리가 아닌가?

"아니 집사님, 난 목사입니다. 술을 배달해 달라니 무슨 말씀이세요?"

그러자 수화기를 타고 들려오는 여집사님의 목소리…

"목사님, 도대체 지금 술집에서 뭐하고 계세요?"

풋내기 훈련병들

두 명의 훈련병이 작업을 하고 있던 중, 흙속에서 불발탄 3개를 발견했다.

그들은 불발탄을 조심스럽게 헌병대로 가져가기로 했다.

"옮기다가 이 중 한 개라도 터지면 어떻게 하지?"

더 신참인 훈련병이 물었다.

그러자 다른 훈련병이 얼른 대답했다.

"상관없어, 2개만 발견했다고 하지뭐."

대단한 인내력

한 중년남자가 새 직장에 입사원서를 내고 인사부장을 만났다.

"어떤 특기나 특별한 능력이 있나요?"

"뭐 내세울 만한 것은 아니지만, 인내력만큼은 자신이 있습니다."

"호, 그래요?"

"전번 회사에 근무할 때 거래처 사람과 한 여름에 밖에서 만나기로 한 적이 있는데 그가 오지 않아 계속 서 있다가 병이 난적도 있었지요."

"저런 일사병이군요."

"아니요, 눈보라와 추위에 감기에 걸렸습니다."

내조의 여왕

여자에게 살짝 뿌리기만 하면 바로 흥분해 남자를 유혹한다는 가짜 약을 파는 약국이 있었다.

이름난 바람둥이가 그 약을 사러 갔는데 남자 약사는 없고 아름다운 그의 아내가 약국을 보고 있었다.

그런데 약사의 아내가 약을 건네주자마자 엉큼한 마음에 약을 그녀에게 뿌렸다.

그러자 신통하게도 부인은 가쁜 숨을 몰아쉬며 남자를 침실로 끌어들였다.

때마침 집에 돌아온 약사가 이 광경을 목격하고 화가나 아내를 다그쳤다.

"당신 뭐하자는 거야!!"

그러자 부인은 태연하게 말했다.

"그 남자가 나에게 약을 뿌렸을 때 내가 아무 반응을 보이지 않고 있어 봐요.

당신이 조제한 그 약이 가짜 라는게 들통 나잖아요!!"

하나님이 주시는 거

어느 부부의 다섯 번째 아이를 받아낸 산부인과 의사가 남편을 불러서 조용히 말했다.

"드디어 농구팀이 됐군요. 이제 선수들도 꽉 찼으니 피임을 해야 한다고 생각지 않으세요?"

그러자 남편이 난처하다는 듯이 대답했다.

"의사 선생님, 그렇게는 못합니다. 우리에게 아이를 보내 주시는 건 하나님의 뜻이잖아요!"

그러자 의사가 어이없어 하면서 충고했다.

"맞는 말이지요. 하지만 비도 하나님이 주시는 건데 우리는 비 맞는 것이 싫어서 우산을 쓰잖아요! 그러니 장화를 꼭 신으세요."

중국제품의 장점

- **초강력 접착제** ⇨ 급히 떼야할 일이 생겼을 때 편리함
- **방향제** ⇨ 주변의 모기가 줄어든 느낌이 듦
- **분무기** ⇨ 노즐이 차츰 넓어지면서 물총으로 변신 함
- **손톱깎이** ⇨ 발톱 깎기는 따로 있음을 새롭게 알게 됨
- **변신로봇** ⇨ 부품이 하나둘 자연스럽게 분해돼서 아이들의 조립능력을 향상시킴.

당해봐야 해!

김대리는 옆집에서 새로 기르기 시작한 개가 어찌나 계속해서 짖어대는지 통 잠을 잘 수가 없었다.

참다못한 그는 밖으로 뛰쳐나갔다.

잠시 후 돌아온 김대리는 아내에게 말했다.

"내가 그 시끄러운 개를 유괴해다가 우리 집 마당에 매놨어. 저 사람들 말이야, 옆집에서 개가 짖어대면 얼마나 괴로운지 한번 당해봐야 해!"

공정한 판단을 위해

아침부터 싸움을 한 부부가 있었다.

화가 머리끝까지 난 남편은 화가 나서 출근하면서 아내에게 소리쳤다.

"여자가, 침대에서도 변변치 못하면서 뭐가 잘났다고 큰소리야?"

남편은 자기 말이 너무 심했던 것 같아 회사에서 집에 전화를 했다.

그런데 아내는 벨이 한참 울린 후에야 전화를 받는 것이었다.

"왜 이렇게 전화를 늦게 받아?"

"침대에 있었거든요."

"아니 아직까지 침대에서 뭐하는데?"

그러자 아내가 하는 말

"당신이 불평했던 것에 대해 다른 사내의 의견도 들어 보려고요."

Batgirl

제일 자신있는 과목

나에게 있어서
수학은 가장 나쁜 적이며
영어는 도무지 감이 오질 않고
과학은 영원한 수수께끼이며
국사는 언제나 생소하고
경제학은 나를 고문한다.
사회학은 지긋지긋하며
예술은 너무너무 난해하다.
그래도 제일 자신 있는 거 하나는
국어시간에 "바다쓱이다!"

어느 화장실 표어

만약 당신이 저를 깨끗하게 사용해 주신다면,
제가 본 것을 아무에게도 말하지 않겠습니다.

변기올림.

머리가 나빠서

대학 강의실에서 한 학생이 모자를 눌러쓰고 있었다.
그 모습이 언짢은 교수가 그 학생에게 질문을 했다.
"학생! 수업시간에 모자를 왜 쓰고 있나?"
그러자 그 학생이 교수님께 묻는다.
"교수님은 안경을 왜 쓰고 계시나요?"
"그야 나는 눈이 나빠서 안경을 썼지!"
"예, 저는 머리가 나빠서 모자를 썼는데요. 뭐, 잘못되었
나요?"

당신 사진

어느 남편이 항상 부인의 사진을 지갑에 넣어 가지고 다녔다.

"당신은 왜 항상 내 사진을 지갑에 넣어 가지고 다니세요?"

"아무리 골치 아픈 일이 생기더라도 당신 사진을 보면 씻은 듯이 잊게 되거든."

"당신에게 내가 그렇게 신비하고 강력한 존재였어요?"

"그럼! 당신 사진을 볼 때마다 나 자신에게 이렇게 중얼거리든. '이것보다 더 큰 문제가 어디 있단 말인가?'"

단추 개수 따라

- 셔츠단추 한 개를 풀면? 지성
- 셔츠단추 두 개를 풀면? 개성
- 셔츠단추 세 개를 풀면? 야성
- 셔츠단추 네 개를 풀면? 실성

알밥이 얼마예요?

일식집에 가서 회를 시켜먹으려고 했더니 너무 비쌌다.
그래서 알밥이나 한 그릇 먹으려고 종업원을 불렀습니다.
"여기 알밥이 얼마예요?"
종업원이 좀 고민하더니 '4,200원이에요'라고 대답했다.
비쌀 줄 알았는데 생각보다 저렴하네 라고 생각하고 알밥
하나를 시켜먹은 후 카운터에 가니 8,000원을 달란다.
"아까는 4,200원이라고 했잖아요?"
"언제 그랬습니까?"
"좀 전에 알밥이 얼마냐고 했더니 4,200원이라고 했잖아
요."
"저는 시간당 알바비가 얼마냐고 묻는지 알았죠."

휴가 때 생긴 일

　김사장 부부가 거의 비행기 시간에 맞춰 공항에 도착했다. 지중해의 마조르카 섬으로 2주간 휴가를 떠나기 위해서였다.

　남편이 뜬금없이 말했다.

"피아노를 가져왔더라면 좋았을 텐데…"

　부인이 도대체 왜 피아노가 필요하냐고 묻자 남편이 말했다.

"피아노 위에 비행기 티켓을 두고 왔거든!"

좀비

여기는 경상도

어떤 사람이 길을 가고 있었다.

그런데 그 앞에 "좀비"가 길을 막고 서 있었다.

그래서 그 사람은 좀비에게 이렇게 말했다

"좀 비키도"

그러자 좀비는 주머니에서 열쇠하나를 꺼내서 주었다.

깨달음

어느 날 농부가 호박을 보면서 생각했다.

"신은 왜 연약한 줄기에 이렇게 무거운 호박을 달아줬을까? 그리고 왜 튼튼한 참나무에는 보잘 것 없는 도토리를 달아줬을까?"

며칠 뒤 농부가 참나무 아래에서 낮잠을 자는데 무언가 이마에 떨어져 잠을 깼다. 토토리였다.

그 순간 농부는 큰 깨달음을 얻었다.

"휴~ 호박이면 어쩔 뻔 했을까?"

누가 더 대단하냐?

어느 날 밤 TV에서 세계적인 피아니스트의 연주를 중계하고 있었다.

곡목은 쇼팽의 '뱃노래'였는데 그 곡을 듣던 중 옆의 남편이,

"저 곡을 작곡한 쇼팽이 대단하냐? 아니면 곡을 연주하고 있는 저 피아니스트가 대단하냐?"라고 묻기에,

나는 "저렇게 난해한 곡을 이해도 못 하면서 듣고 있는 우리가 더 대단하지"라고 대답했다.

끝없는 욕망

선생님이 학생들에게 질문했다.

"돈 10억 원을 가진 사람과 아이 10명 가진 사람 중 어느 쪽이 행복할까?"

한 학생이 자신 있게 대답했다.

"아이 열명 가진 사람입니다!"

"그 이유는?"

"돈 10억 원을 가진 사람은 더 많이 갖고 싶어 하겠지만, 아이 10명을 가진 사람은 그만 가졌으면 할 테니까요!"

슬로베니아 유머

법정을 나서면서 변호사가 어두운 표정의 의뢰인에게 말했다.

"이네스, 왜 그래요? 당신은 무죄로 석방됐다고요. 예상했던 3년형이 면제되고 집에서 자유롭게 살 수 있어요."

"알아요, 그렇지만 정말 곤란하게 됐어요.

내가 살던 아파트를 3년 간 세놓기로 어제 계약을 해버렸거든요."

체코공화국 유머

어떤 사람이 인기 있는 라디오 DJ에게 전화를 걸고 이렇게 말했다.

"방금 수십만 코루나(수백만원)의 돈이 들어있는 지갑을 주웠어요. 그 속에는 이름하고 주소가 적힌 명함도 들어있어요. 프라하 자이페르트3가, 얀 지글러."

"그래서요? 우리가 뭘 해주길 바라죠?

그 분에게 지갑을 다시 찾게 될 거라는 메시지를 전할까요?"

"아뇨, 그저 그 사람에게 감사의 음악 한곡 들려주세요?"

헝거리 유머

의사 : 내 충고대로 창문을 열고 주무셨습니까?
환자 : 네.
의사 : 천식 증세가 감쪽같이 사라졌지요?
환자 : 아뇨, 사라진 건 내 시계, TV, 아이팟, 노트북이예요.

멕시코 유머

외딴 곳에 있는 어느 인디언 거주지에서 인디언들이 새 족장에게 앞으로 다가올 겨울이 추울지 따뜻할지 물었다.

나이가 그다지 많지 않은 새 족장은 선조들의 예측법을 배우지 못한 상태라 그냥 땔나무를 모아 두라고 말했다.

그러고 나서 그는 기상청에 전화를 걸었다.

"올 겨울이 춥습니까?" 그가 물었다.

"그럴 것 같소." 기상청 직원이 대답했다.

그래서 젊은 족장은 인디언들에게 땔나무를 더 모으라고 말했다.

일주일 뒤 그는 다시 기상청에 전화를 걸었다.

"올 겨울이 추울 게 확실합니까?"

"틀림없이 그럴 겁니다."

족장은 인디언들에게 땔나무를 보는 대로 모으라고 말했다.

그 다음 주에 그는 다시 기상청에 전화를 걸었다.

"추울 게 정말 확실합니까?"

"최고로 추운 겨울이 될 겁니다."

"어떻게 그렇게 확신하지요?"

"인디언들이 미친듯이 땔나무를 모으고 있거든요!"

포르투갈 유머

한 남자가 친구 집을 방문했는데 어린 소녀가 갑자기 방 한가운데를 지나갔다.

"졸업장아, 커피 두 잔 가져오렴."

친구가 소녀의 등 뒤에 대고 말했다.

"졸업장? 이름이 너무 이상한데 어떻게 된거야?" 남자가 물었다.

그러자 친구가 한숨을 쉬며 대답했다.

"딸을 리스본에 있는 대학에 유학 보내 졸업장을 따오랬 더니 저 애를 낳아 돌아오더군.

독일 유머

어느 축제를 둘러보던 남자의 눈에 점쟁이의 천막이 보였다.

재미있는 소일거리가 되리라 여겨 그는 천막 안으로 들어가 자리를 잡고 앉았다.

그러자 점쟁이가 수정 구슬을 들여다보며 말했다.

"내가 보기에 두 아이의 아버지시군요."

"허어! 그거야 당신 생각이지요. 난 세 아이의 아버지랍니다."

남자가 점쟁이를 빙긋이 웃으며 대꾸했다.

"허어! 그거야말로 당신 생각이지요."

점쟁이가 대꾸했다.

아르헨티나 유머

노부부가 햄버거 가게에 들어오더니 햄버거와 감자튀김을 1개씩만 사서는 아주 정확하게 반으로 나누었다.

트럭 운전사가 그 모습을 보고는 불쌍한 마음이 들어 할머니에게 햄버거를 사드리겠다고 말했다.

"아, 괜찮아요. 우린 뭐든지 나누거든요."

할아버지가 대꾸했다.

몇 분이 지났는데 운전사가 보니 할머니는 아직 한입도 안 먹고 있었다.

"전 진정으로 할머니에게 햄버거를 사 드리고 싶어요."

운전사가 고집했다.

"이 사람도 먹을 겁니다. 우리는 모든 걸 공유하거든요."

도무지 미덥지 않아 운전자가 할머니에게 애원하듯 물었다.

"왜 안 드시나요?"

그 말에 할머니가 이렇게 대답했다.

"지금 우리영감 틀니를 기다리는 중이예요."

천국과 지옥에서 3번 놀라기

☺ 천국에서 3번 놀라기
1. 드디어 내가 왔구나!
2. 어? 그 분이 안 보이시네.
3. 앗! 저 놈이 어떻게 여길 왔지!

☺ 지옥가도 3번 놀란다
1. 내가 여길 오게 되다니!
2. 어? 저 분이 어떻게 여길 왔지.
3. 앗! 그 놈이 안보이네!

죽지 않는 사랑

형돈이가 여자 친구인 유미에게 부드러운 목소리로 사랑을 고백했다.

"자기야, 사랑해~"

"정말로 날 사랑해?"

"그럼, 사랑하고 말고!"

그러자 유미가 다그치듯이 물었다.

"그렇다면 날 위해서 죽을 수 있어?"

형돈이는 잠시 생각을 하더니 이렇게 말했다.

"내 사랑은 영원히 죽지 않는 사랑이야!"

시골 병원

　시골병원 의사가 서울에 급한 볼일로 출장을 가게 됐다.
병원문을 닫을 수 없는 처지라 조수에게 부탁을 했다.

의사 : 가급적 내일 오라고 돌려보내고 응급환자만 치료 해
　　　줘라 알았지?

조수 : 네.

　서울 출장을 마친 다음날 시골병원으로 돌아온 의사가
조수를 불렀다.

의사 : 어제 별일 없었지?

조수 : 네, 다 돌려보냈는데 아주 애절하게 원하는 여자 응급
　　　환자 1명만 치료 했어요.

의사 : 잘했어 어떤 환자였지?

조수 : 저녁에, 어떤 여자가 갑자기 들어오더니 옷을 모두
　　　벗어 던지고 침대에 누워 외쳤어요.
　　　"선생님, 남편이 집나간 후 6개월 동안 남자를 보지
　　　못했어요. 미치겠어요! 남자를 보게 해주세요. 소원
　　　이에요!"

의사 : 저런, 저런, 그래서?

조수 : 눈에 안약을 듬뿍 넣어줬어요.

유전적 영향

한 내과 의사가 비정상적으로 얼굴이 붉게 된 환자를 진료하고 있었다.

남자가 의사에게 말했다.

"선생님, 고혈압이죠? 제 가족에게 문제가 있거든요."

의사가 물었다.

"아버지 쪽? 아님 어머니 쪽?"

"우리 쪽이 아니에요. 처가 쪽 가족 때문에 생겼어요."

의사가 말했다.

"고혈압은 유전적인 영향을 받습니다. 아내 쪽 가족 때문에 고혈압이 생길 수는 없거든요."

그러자 남자는 한숨을 쉬며 말했다.

"당신이 그쪽 가족들을 만나 봐요! 혈압이 안 올라가나! 고혈압이 안 생길 수 없다구요!!!"

나는 군대를 자원한 게 아니라 징집되었다.

그래서 마지막 관문인 신체검사를 호락호락 넘어가지 않겠다고 결심했다.

신체검사를 하는 동안 의사가 물었다.

"벽에 있는 글자를 읽을 수가 있습니까?"

"어떤 글자 말입니까?"

나는 퉁명스럽게 대답했다. 무조건 안 보인다고 할 생각이었기 때문이었다.

"오른쪽 벽에 붙은 저 큰 표어는 보입니까?"

"안 보입니다. 어디 표어가 있습니까?"

그러자 검사관은 소리쳤다.

"OK, 청력검사 통과했습니다."

애완견이 죽은 이유

똘망똘망해 보이는 꼬마 녀석이 슈퍼에 들어오더니 말했다.

"아저씨, 세제 하나만 주세요."

"세제? 세제는 뭐하려고 사가니?"

"강아지 씻어 주려고요."

"강아지? 강아지는 이런 세제로 씻어주면 죽을지도 몰라."

"그래도 주세요. 제가 알아서 할게요."

결국 꼬마는 세제를 사갖고 갔다. 그렇게 며칠이 지나자 그 꼬마 녀석이 슈퍼를 왔다. 점원은 걱정스런 말투로 물었다.

"꼬마야, 강아지는 괜찮니?"

"죽었어요."

"이런! 그것 봐. 내가 죽을지도 모른 댔잖니?"

"세제 때문에 죽은 거 아니에요."

"그럼?"

그러자 꼬마는 전혀 흔들림 없는 표정으로 대꾸했다.

"세탁기를 너무 오래 돌린 것 같아요."

헉....정말?...

제가 아는 선배와 조카의 일입니다… 참고로 이 이야기는 실화입니다.

비가 으슬으슬 내리는 밤…이 아니구 낮에ㅡㅡ;;

제 선배와 6살짜리 조카는 함께 비디오를 보고 있었습니다. 근데 보기 좀 민망한 장면이 나오더군요.....ㅡㅡ;;;

해변 가에서 깡패들이 여자를 겁탈하려고 모닥불을 피우고 옷을 벗기는 장면 이었습니다.

그때 조카가 겁에 떨며 말했습니다…

"삼촌! 저 남자들이 저 여자 구워 먹으려나봐!!"

투명인간 크림

어떤 집에서 파티를 열었다.

여러 손님들이 와서 한창 저녁식사를 하는데 갑자기 그 집 꼬마 둘이 발가벗고 거실로 나오는 것이었다.

부모는 당황했지만 아무 일도 없었던 것처럼 하기 위해서 손님들과 하던 대화를 계속했다.

손님들도 그 의도를 알았는지 함께 아무 것도 못 본 것처럼 대화를 계속 이었다.

꼬마들이 잠시 서 있더니 한 녀석이 말했다.

"거봐, 내가 이거 '투명인간 크림'이라고 했지?"

참 난처하네요

    ●

"의사 선생님! 모든 게 두개로 보여요"

"우선 그 의자에 앉으세요."

"어느 쪽 의자요?"

    ●

"선생님! 제가 건망증이 심해서 뭐든지 잘 잊어버려요."

"안심하세요. 저희는 그런 악성 건망증을 치료할 수 있는 놀라운 약을 가지고 있습니다.

"그렇습니까? 어떤 약인데요?"

"근데 그게…어떤 약인지 잘 기억이 안나네…"

    ●

"선생님! 의사선생님! 전 안경을 써야 하나 봐요! 시력검사 좀 해주세요."

"정말 그래야 겠군요. 손님 여기는 식당입니다."

정상인과 비정상인

누군가가 정신병원장에게 물었다.

"어떻게 정상인과 비정상인을 구분하나요?"

"먼저 욕조에 물을 가득 채우고 욕조를 비우도록 숟가락, 찻잔, 양동이를 줍니다."

"알겠습니다. 그러니까 정상적인 사람은 숟가락보다는 큰 양동이를 택하겠군요."

원장이 대답하길

"아닙니다. 만약 당신이라면 욕조에 가득 채운 물을 어떻게 비우겠습니까?"

"글쎄요…"

"간단합니다. 정상적인 사람은 욕조 배수구의 마개를 뺍니다."

메이크업

한 남자아이를 둔 엄마가 화장대 앞에 앉아 얼굴에 콜드 크림을 골고루 펴 바르고 있었다.

이를 보고 있던 아들은 궁금한 듯 엄마에게 물었다.

"엄마 뭐 하는 거야?"

"응, 엄마가 예뻐지기 위해서 하는 거야."

잠시 후 엄마가 화장지로 얼굴의 콜드크림을 닦아 내자 아들은 물었다.

"엄마, 왜 닦아내? 벌써 포기하는 거야?"

연극

사내1 : 어젯밤 연극을 보러 갔었지.

사내2 : 그래, 재미있던가?

사내1 : 응, 그런데 1막만 보고 그냥 왔어.

사내2 : 왜?

사내1 : 프로그램에 '2막은 2년 후'라고 했으니 극장에서 어떻게 2년을 기다리겠나. 2년 후에 시간이 되면 다시 가야겠네.

거북이

옆집에 사는 네 살짜리 꼬마가 우리 집에 놀러왔다. 나는 우리 집의 애완동물인 거북이를 꼬마에게 보여주었다.

그런데 거북이가 꼼짝도 하지 않는 것이었다.

꼬마에게 움직이는 거북이를 보여주고자 등을 살짝 두드려 보았지만 거북이는 껍데기 밖으로 나오려는 기미가 보이지 않았다.

그러자 잔뜩 기대하고 있던 꼬마가 실망한 눈초리로 물었다.

"배터리 다 된 거 아니에요?"

남극 최고봉 등정

남편과 함께 탐험가 허영호의 "마지막 도전, 남극 최고봉"이라는 TV프로를 보면서 내가 말했다.

"저렇게 천천히 올라가면 언제 정상에 도착하죠?"

그러자 남편이 대답했다.

"늦어도 10분 안에는 도착할거요. 10분 후엔 '9시 뉴스'가 시작되거든."

자동차 정비공장에서

나는 자동차 정비소의 정비사와 대화하는 일이 어렵기만 하다.

그래서 내 차에서 이상한 소리가 나자 친구에게 도움을 청했다. 자동차광인 그는 정비소에 가서 어떻게 설명해야 하는지 알려주었다.

정비소에 가서 나는 자신감을 갖고 내 차의 상태를 말했다.

"엔진 타이밍벨트에 이상이 있는 것 같네요.

내연기관의 조기폭발로 인해 밸브가 손상된 거 같고 아울러 등속 조인트에도 문제가 있는 것 같아요."

나는 정비사 어깨 너머로 그가 작업판에 뭐라고 적는지 훔쳐보았다.

"차에서 이상한 소리가 난다고 여자분이 말함."

1등석과 3등석

긴 탑승 시간 내내 비행기의 일반석에 아내와 함께 앉아 있는데, 승무원이 일등석 손님에게 이렇게 묻는 게 들렸다.

"샤르도네(백포도주)와 부르고뉴(적포도주)와인 가운데 어느 것을 드시겠습니까?"

몇 분 후 일등석을 가렸던 커튼이 올라가고 승무원이 와인 수레를 밀며 우리 일반석 통로로 왔다.

"실례합니다. 와인 한잔 하시겠습니까? 백포도주와 적포도주가 있습니다."

승무원이 우리를 내려다보며 물었다.

명 약사

감기에 걸려 약국에 간 나는 약사에게 이렇게 말했다.

"콧물이 자꾸 나오고 머리가 띵한 게 마치 구름 위에 떠 있는 기분이에요."

그러자 약사가 약을 지어주며 내게 말했다.

"이약을 먹으면 하늘에서 내려와 땅위를 걷는 기분을 느낄 수 있을 겁니다."

향수 선물

10살 배기 소녀가 40대인 고모에게 생일선물로 향수 한 병을 사주었다.

"이거 내가 아주 좋아하는 거다. 내가 이걸 좋아하는지 어떻게 알았지."

고모가 물었다.

"사실은, 상점 주인아저씨가 골라주었어요."

소녀가 대답했다.

"정말? 그 아저씨 아주 잘 골랐구나. 그 아저씨가 내 외모, 나이, 취미, 그런 걸 묻던?"

고모가 다시 물었다.

"아뇨. 가진 돈이 얼마인가만 물어보던데요."

소녀가 대답했다.

네가 예수 해!

엄마가 두 아들,

다섯 살 먹은 삼식이와 세살 먹은 또식이에게 주려고,

카스테라 빵을 만들고 있었다.

녀석들은 누가 첫 번째 빵을 먹을 것인가를 두고 다투기 시작했다.

엄마는 그걸 녀석들의 도덕교육을 시킬 수 있는 좋은 기회로 생각했다.

"예수님이 여기 계셨더라면 이렇게 말씀 하셨을 거다. '내 형제에게 빵을 먼저 주어라. 나는 기다리겠다.'"

그러자 삼식이가 동생을 보면서 말했다.

"또식아, 네가 예수 해!"

누가 멍청한 놈?

사내 두 명이 여름 휴가를 떠났다.

어느 지방 휴게소에서 잠깐 쉬어가기로 했다.

대변이 보고 싶은 한 사내가 화장실로 들어갔다.

한참 있다가 돌아온 그 사내가 투덜거렸다.

"내 참, 멍청한 놈들…"

"왜 그래? 무슨 일이 있었어?"

"글쎄, 화장실에 갔더니 '변기 안에 휴지 이외에 아무것도 넣지 말 것'이라고 적혀 있더라고. 그런 멍청한 말이 어디 있어? 그래서 바닥에 싸 버렸지!"

재수 없는 마누라

어느 여름 밤, 두메산골에 초로의 부부가 모깃불 옆에 앉아 있었다.

"세월의 흐름은 화살 같군. 안그래 여보?"

하고 남편이 먼저 말을 꺼냈다.

"자꾸 나이만 들어 늙어 가는군. 아마도 머지않아 우리 둘 중 누군가는 먼저 하늘나라로 가버리겠지…"

그러자 마누라가 대꾸한다.

"그럼요, 그렇게 되면 나는 도시로 이사 갈 거예요."

쯧쯧쯧쯧~

어떤 부인이 길거리에서 담배를 피우고 있는 고등학생에 게 다가가 얼굴을 찡그리고 꾸짖었다.

"네가 담배 피우는 것을 너의 엄마는 알고 계시냐?"

그러자 그 소년이 대답했다.

"부인, 부인이 거리에서 낯선 남자에게 말을 건다는 걸 남편께서는 알고 계신지요?"

최고의 상술

가게를 하는 박서방이 아내에게 이야기를 하고 있었다.

"알겠어? 매상이 좋지 않을 때는 가게를 닫은 후, 전등불을 환하게 켜서 번잡하게 보이게 해야 돼.

그리고 매상이 많은 날은 촛불 하나만 켜서 한가하게 보이게 해야 하고."

아내가 이해가 가지 않는다는 듯이 물었다.

"여보, 그 반대 아니에요?"

그러자 박서방이 '이런 바보 같은 사람하고는' 하는 표정으로 말했다.

"그래서 당신이 생각이 좁다는 거야. 우리가 장사가 잘 될 때는 다른 사람에게 조용히 보이지 않으면 안 되는 거야.

전등불이 환하게 켜져 있으면 사람들은 아마 우리가게가 잘 되는 줄 알고 화가 나고 질투를 하게 될꺼야.

하지만 촛불 하나만 켜두면 장사가 시원치 않구나 생각하고 고소하게 생각할 것 아니야.

그러면 우리가 기뻐할 때 남들도 기뻐하게 되는 거라고."

계산법

대서양을 항해중인 여객선 속에서 중국인이 한국사람에게 물었다.

"이배의 길이는 150미터, 폭은 55미터나 돼. 그렇다면 선장의 나이는 몇살이라고 생각해?"

"한 시간 정도 여유를 주게."

한 시간이 지나서 한국사람이 중국인에게 말했다.

"선장은 쉰한살이야."

"어떻게 계산해냈나?"

"선장에게 직접 물어봤지."

잔혹 조크

교수형을 선고받은 사내에게 아내가 최후의 면회를 왔다.

아내가 말했다.

"여보, 사형 현장을 아이들에게 보여주고 싶은데요."

"절대 안돼!"

"그래요. 정말 죽을 때 까지 당신답군요.

여태까지 살아오면서 당신은 한 번도 아이들을 즐겁게 해준 적이 없었지요."

성형 견적서

못생긴 여자가 성형수술을 시켜달라고 남편을 졸랐다.

남편은 아내의 시달림에 견디지 못한 나머지 솜씨가 가장 좋다는 성형외과를 아내와 같이 찾아갔다.

의사가 요모조모로 아내의 얼굴을 자세히 살피고 있었다.

남편 : 저… 수술비가 어느 정도 나오나요?

의사가 심각한 표정을 짓더니, 남편에게 다가와 조용히 말했다.

의사 : 기왕이면 수술비를 위자료로 쓰시고 새장가를 드시죠. 결혼비용까지 해도 남는 장사입니다.

덩크 슛!

어느 학교 휴지통에 다음과 같은 문구의 쪽지가 붙어 있었다.

"3점 슛보다 덩크 슛이 더 아름답습니다!"

비싼 이유

할인매장에 첫 출근한 조카딸이 마침내 까다로운 고객을 대하게 되었다.

그 남자는 쥐약을 사려고 했는데 왜 그렇게 값이 비싼지 이유를 알고 싶어 했다.

"도대체 성분이 뭐란 말이오? 스테이크라도 되나?"

그가 비꼬듯이 물었다.

그 말은 들은 우리 조카는 이렇게 대답했다.

"저어, 쥐한테는 최후의 만찬이잖아요."

3 時

여섯 살 된 아들 길동이와 산으로 산책을 나갔는데 멀리서 뻐꾸기 소리가 들려왔다.

길동이가 발걸음을 멈추고 잠시 귀를 기울였다.

"뻐꾹 뻐꾹 뻐꾹."

그러자 길동이가 말했다.

"3시네."

며느리 흉

중년부인 13명이 미국 LA에 사는 자식들 집에 다녀오는 길이었다.

비행기를 탑승해서 인천국제공항까지 대개 12시간 걸린다고 한다.

그런데 1부인이 자기 며느리 흉을 보면 1시간씩 훌쩍 시간이 간다. 12번째 부인의 자기 며느리 흉보는 것이 끝나자 인천공항에 도착하게 됐다.

12명은 나머지 한명에게 며느리 흉볼 기회를 못줘서 미안하다고 했다.

그러자 그 1명의 부인이 대답했다.

"전 괜찮아요, 딸네 집에 다니러 갔다 오는 길이거든요."

천사와 악마

컴퓨터 작업을 하느라 어깨가 뻐근해진 신입사원 연희가 박대리를 불렀다.

"박대리님, 어깻죽지가 아파요."

"왜?"

"등에서 날개가 나오려나 봐요. 전 아무래도 천사인가 봐요."

그러자 박대리가 말했다.

"연희씨, 난 아무래도 악마인가봐."

"왜요?"

"너 때문에 머리에서 뿔이 나려고 하니까."

새로 생긴 학교?

컴퓨터를 가르치고 교육생들에게 자격증을 취득하도록 독려하던 어느 날이었다.

나는 한 수험생의 원서를 접수하고 온라인 수험표를 프린트하여 본인에게 전해 주었다.

두 시간 정도가 지난 다음 수업을 하러 들어갔을 때 나는 수험표를 받았던 그 교육생과 짝의 대화를 듣게 되었다.

"야, 시험장소에 '추후공고'라고 되어 있던데, 추후공고가 어디야?"

"추후공고라고? 서울 아님 경기도에 있나? 잘 모르겠는데."

그때 앞에 있는 교육생이 대답했다.

"새로 생긴 공고(工高)인가 본데, 검색 사이트에 한번 쳐봐."

예수는 누구?

어느 날 저녁 한 집에 도둑이 들었다.

그러나 "예수께서 지켜보고 계십니다." 라는 소리가 크게 들려오자 도둑은 그 자리에 얼어붙어 버렸다.

곧 다시 집안이 조용해지자 그는 다시 집안으로 살살 기어들어가기 시작했다.

그러자 또다시 큰 소리로 "예수께서 지켜보고 계십니다." 라는 소리가 들려왔다.

도둑은 다시 그 자리에 얼어붙어 사방을 둘러보았다.

그리고 새집 안에 있는 앵무새를 발견했다.

"네가 그랬냐?" 도둑이 물었다.

"그래요." 앵무새가 대답했다.

도둑은 그제야 안도의 한숨을 쉬고 물었다.

"앵무새야, 네 이름은 뭐지?"

"삼돌이." 앵무새가 대답했다.

"앵무새 이름치고는 바보 같은 이름이군. 어떤 천치가 너에게 그런 이름을 지어줬냐?" 도둑이 물었다.

"우리 집 맹견 불독에게 '예수'라는 이름을 지어준 바로 그 천치가 지어줬죠."

앵무새가 대답을 마치자 마자 도둑의 뒤에서 뛰어나온

엄청난 크기의 불독이 도둑의 목덜미를 덥석 물어 땅에 내동
댕이 쳐버렸다.

어느 골프장에서

한 사내가 여자 골프티에서 골프를 치고 있다.

그때 마침 옆 홀을 지나가던 여성골퍼들이 그 모습을 보고
한마디 했다.

"저 선생님 거기는 여자가 치는 곳입니다.

남자분들이 치는 곳은 따로 있습니다."

그러자 그 사내가 소리쳤다.

"나도 알아 이 씨~~ 난 지금 세칸 샷(두번째 치는 공)이란
말이야!"

복수

프로 사진작가가 저녁 초대를 받고 자기의 작품 몇 점을 가지고 갔다.

그 집 여주인이 사진들을 보더니 말했다.

"야, 이 사진들 멋지네요. 좋은 사진기를 가지고 계신 모양이죠?"

그 친구는 저녁 식사를 마치고 나오면서 이렇게 복수했다.

"저녁 아주 맛있게 먹었습니다. 좋은 요리기구를 가지신 계신 모양이죠."

결혼

갓 결혼한 남자가 친구들이 모인 자리에서 털어놓았다.

"그깟 결혼으로 이렇게 세계관이 달라질지 미처 몰랐어."

"무슨 말이야?"

"결혼 전엔 온 세상 여자가 다 좋았어."

"근데 지금은…."

"지금은?"

"한 명 줄었어."

성공의 비결

어떤 기자가 은행장과 인터뷰하면서 '성공의 비결'이 무엇이냐고 물었다.

"딱 두 마디죠."

은행장이 대답했다.

"그 두 마디가 뭐죠?"

"올바른 결정."

"올바른 결정은 어떻게 내리죠?"

"딱 한 마디로 말할 수 있죠."

"그게 뭐죠?"

"경험."

"그럼 경험은 어떻게 얻죠?"

"두 마디로 요약됩니다."

"그게 뭡니까?"

"잘못된 결정."

어떻게 그런 공을 칠 수 있죠?

한 골프장의 16번 홀은 도로를 따라 페어웨이가 있고 도로 왼쪽에는 담장이 있었다.

네 명이 한 조가 된 팀에서 제일 먼저 친 사람의 공이 훅이 났다.(왼쪽으로 굽어져 날아갔다)

공은 담장을 넘어 하늘 높이 솟아오르더니 도로에 떨어지는가 싶었는데 때마침 도로를 달리던 버스의 타이어에 맞고 다시 담장을 넘어와서 페어웨이를 힘차게 구르더니 그린에 살짝 안착했다.

그러자 사람들이 모두 어안이 벙벙해서 서 있는데 한 사람이 그에게 물었다.

"도대체 어떻게 그런 공을 칠 수 있죠?"

공을 친 사람이 어깨를 으쓱하며 대답했다.

"우선 시외버스 시간표를 잘 알고 있어야 하지요."

신분증 사진

요즘은 시울시 몇몇 각 구청에서도 여권발급 업무를 취급하고 있다.

어느 구청 앞에 자리잡은 사진관에서 여권 사진을 찍으러 오는 민원인들의 불평이 이만저만이 아니다. 모두들 여권 사진이 너무 안 나왔다는 것이다.

사진관 주인은 불평을 너무 많이 들어 진절머리가 났던 모양이다.

어느 날 촬영실 입구에 이런 글이 붙어 있었다.

"신분증이나 여권사진이 잘 나오기 바라는 사람은 좀 더 잘생긴 얼굴을 가져올 것."

선물가게 인형

한 엄마가 아이를 데리고 선물가게에 들어갔다.

이제 7살 된 아이는 예쁜 인형을 발견하고는 뚫어져라 보고 있다가,

"엄마, 이 인형 하늘만큼 예쁘다!" 라고 외쳤다.

하지만 그 인형이 별로 마음에 들지 않은 엄마는,

"네가 더 예쁘다." 라고 말하고는 아이 손을 이끌고 서둘러 가게에서 나왔다.

그러자 아이는 서운한 얼굴로 따라 나오다가 이렇게 말했다.

"엄마, 내가 미워지면 그때 저 인형 사줘!"

십시일반

어느 여자 고등학교에서 있었던 일.

만우절을 그냥 보내기가 아쉬웠던 3학년 교실의 여학생들은 교탁위에 양치질하는 큰 컵에 우유를 가득 담아 놓고 휴지로 살짝 덮어 놓았다.

그리고는 먹을 것을 좀 밝히는 선생님 시간에 그 컵을 올려놓았다.

그 남자 선생님은 좋아하시며,

"야 이놈들아~ 여기 또 이상한 거 넣어 놨지?"

"아니에요~"

학생들을 믿는 순진한 선생님, 하지만 그건 정말 우유였다.

그러나 우유를 다 먹은 선생님은 덮어 놓았던 휴지로 입을 닦으려는 순간 종이에 쓰인 몇 자의 글을 보고 먹은 우유를 다 토하고 말았다.

'저희가 조금씩 모은 거예요.*^^*'

106

밥 한술이 그게 아니네

쐬 댕기기 좋아하는 형돈이 건들건들하면서 나들이 길에
나섰다.

해는 중천에 뜨고 한나절이 될 무렵이었다.

한적한 마을을 지나려는데, 마침 점심참이라 농부가 밭머
리에 앉아 점심을 먹고 있었다.

갑자기 시장기가 닥친 형돈이 농부에게 다가가서,

"밥 한술 신세 좀 집시다." 라고 했다.

마음씨 착한 농부는,

"가져온 건 다 먹고 없는데, 저기 산 밑에 보이는 집이
내 집이요. 집에 가면 마누라가 있을 터이니, 내가 말했다하
고 드시고 가시요."

형돈이는 농부 집에 도착하여 혼자 있는 아낙을 보고 마
음이 달라져 이렇게 말했다.

"저기 보이는 저 양반이 댁에 남편이여라우?"

아낙은 의아해하며 그렇다고 했다.

그러자 형돈이,

"댁의 남편이 댁을 꼭 한번 먹고 가라고 해서 왔소!"

아낙 생각엔 요즘 남편이 농사일에 바빠 '거시기'를 잘못
해주더니 미안해서 그러는가 보다 생각하고서, 멀리 보이는

남편에게 소리를 질렀다.

"여~보! 이 양반한테 드려도 돼~유~?"

그러자 농부가 일손을 멈추고 엉거주춤 일어서서

"걱정 말고 어서 드려~ 어!"

형돈이는 오랜만에 여인도 안아보고 따뜻한 점심대접에
다가 완전 대박이 터진 날이었다.

자기야 딱 한번만 더

영이가 새벽 잠자리에서 남편을 졸랐다.

"자기야 딱 한 번만 더 해줘!"

"싫어. 한 번만 한 번만 한 게 벌써 몇 번째야?"

"정말로 딱 한번만 더 응~~"

"글쎄 안된다니까, 나도 힘들어!"

"(애걸조로) 제발 한 번만 더요."

"피곤하다는데 정말 미치겠네."

"(토라지며) 자기 변했어. 신혼 때는 잘해주더니만."

그 말에 할 수 없이 철수가 잠자리를 박차며 일어났다.

"새벽에 연탄 가는 일은 정말 지긋지긋해."

특별한 날

어느 날 아침, 출근하는 남편에게 아내가 말했다.

"여보, 오늘이 무슨 날인지 알아?"

그러자 남편은 아내의 말을 가로 막으며 자신 있게 대답했다.

"에이, 물론 알지! 당신 나 못 믿는 거야?"

"응, 못 믿어…"

"허허 당신 나를 잘못 봤어. 남편을 어떻게 보고 그러는 거야… 두고 보라구… "

남편이 출근하고 오전 11시가 되었다.

벨이 울리더니 한 다발의 붉은 장미가 배달됐다.

또 오후 2시가 되자 그녀가 가장 좋아하는 초콜릿 한 박스가 도착했다.

하지만 그것으로 부족했던지 유명 디자이너의 드레스가 배달되었다.

너무 놀라서 있는데 남편의 퇴근시간 바로 전에 케이크와 샴페인이 퀵으로 배달되었다.

그녀 남편이 집 현관에 들어서는 순간 아내가 남편 품에 안기며 말했다.

"자기야! 장미꽃, 초콜릿, 드레스에 샴페인까지… 내 평생에 이렇게 멋진 '만우절'은 처음이야!"

그 말을 듣자 남편은 속으로 황당함에 할 말을 잊고 중얼거렸다.

"아니, 당신 생일 아니고 만우절이었다고… 으으으윽…"

간만에 '참새 시리즈'

참새 한 마리가 달려오던 오토바이와 부딪히면서 그만 기절을 하고 말았다.

마침 우연히 길을 지나가다 그 모습을 본 행인이 새를 집으로 데려와서 치료를 하고 모이를 준 뒤 새장 안에 넣어 두었다.

한참 뒤에 정신이 든 참새는 이렇게 생각했다.

'아, 이런 젠장! 내가 오토바이 운전사를 치어서 죽인모양이군. 그러니까 이렇게 철장 안에 갇힌 거지?'

그럼 집에...?

다섯살, 세 살짜리를 아이를 둔 엄마가 둘째 아이게 주려고 인형을 만들고 있었다.

그때, 유치원에 간 아들이 전화를 했다.

"엄마, 나 데리러 안 오고 집에서 뭐해?"

"응, 동생이 심심할까봐 동생하고 놀아줄 아기를 만들고 있지?"

이 말을 들은 아들의 한마디…

"그럼, 아빠도 집에 있는 거야?"

나이 추정

놀이터에서 너댓 살 쯤 돼 보이는 두 꼬마가 처음 만났다. 한 아이가 물었다.

"난 다섯 살인데, 넌 몇 살이니?"

"몰라!"

"그럼, 너 여자에 대해 생각해 본 적 있니?"

"아니!"

"그럼, 넌 네 살 미만이야!"

배심원 재판

우리 나라도 일반인을 배심원으로 참여시켜 재판을 시행한다.

판사가 동료판사에게 말했다.

"배심원이 새로 구성되고 다섯 번이나 재판이 있었는데 매번 피고가 무죄라는 판정을 계속 내리다니 내 법률상식으론 이해가 안돼."

그 얘기를 듣고 동료 판사가 이런 제안을 했다.

"피고를 바꿔봐!"

누구 닮았니?

오래간만에 본 10살짜리 조카에게

"와~~ 못보던 사이에 많이 예뻐졌네?

엄마, 아빠 중에 누굴 닮아서 이렇게 예쁘지?"

이 말을 듣고 조카가 대답했다.

"아무도 안 닮아서…"

개와 고양이의 생각

개의 생각
나랑 같이 사는 이 사람들은
먹여주고, 사랑해주고,
따뜻하고 마른 보금자리를 제공해 주고,
만져주고, 나를 잘 돌봐주니…
정말 그들은 신神인가보다.

고양이 생각
나랑 같이 사는 이 사람들은
먹여주고, 사랑해주고,
따뜻하고 마른 보금자리를 제공해 주고,
만져주고, 나를 잘 돌봐주니…
정말 나는 신神인가보다.

남편과 개

한 부부가 성격 차이로 자주 싸우곤 했다.

하루는 남편이 개를 데리고 산책을 갔는데 이틀이 지나도 들어오지 않았다.

아내는 파출소를 찾아가서 말했다.

"혹시 교통사고를 당했을 지도 모르니 빨리 좀 찾아주세요."

경찰은 아내를 진정 시킨 후 남편의 인상착의에 대해 꼬치꼬치 물었다.

한 두개 대답하던 아내가 경찰의 얼굴을 빤히 바라보더니 말했다.

"저는요, 남편을 찾으러 온 게 아니라 개를 찾으러 온 거라고요!"

케이크 상점에서

연말 준비로 바쁜 케이크 상점에 사람들이 아주 긴 줄을 서서 기다린다.

주문할 차례가 되자 어떤 중년 여인이 감회에 젖어 종업원에게 말했다.

"난 사실 15년 전에 어린 소녀 시절에 이 가게에 왔어요."

그러자 눈코 뜰새 없이 바쁜 종업원이 그 말에 이렇게 대답했다.

"죄송합니다, 하지만 저도 나름대로 최대한 빠르게 맡은 일을 하고 있거든요."

고양이 좀 바꿔봐!

고양이를 지독히 싫어하는 남자가 있었다.

어느 날…

그는 아내가 키우는 고양이를 몰래 차에 태우고 5Km 떨어진 곳에다 버리고 왔다. 그런데 그가 주차장에 차를 댈 무렵, 고양이가 잽싸게 현관으로 들어가는 것을 보았다.

다음 날…

그는 차를 타고 10Km 떨어진 곳에다 고양이를 버리고 왔다. 그러나 집에 돌아 왔을 때, 어느새 고양이는 거실에 들어와 있었다.

다음 날…

화가 난 남자는 이번엔 아주 먼 곳, 누구도 찾아오지 못할 장소에 고양이를 버릴 작정으로 집을 나섰다.

다섯 시간 뒤…

그가 아주 멀리 떨어진 곳에다 고양이를 버리고서 집으로 돌아오는 도중에 아내에게 전화를 걸었다.

"여보, 고양이 집에 있어?"

전화기 속의 아내가 대답했다.

"고양이요? 제 옆에 있어요. 그런데 무슨 일이죠?"

그러자 남자가 말했다.

"고양이 좀 바꿔봐, 내가 길을 잃어버렸어!"

팀 승율, 3전 2승 1패

남녀평등을 외치는 여자 셋이 의기투합하여 남편들의 버릇을 고치기로 했다. 그녀들은 각자 집에 가서 남편들에게 "이제 더 이상 집안일을 못하겠으니 정 불편하면 손수 가사 일을 분담하라"고 요구하기로 했다.

그로부터 일주일 후…

그녀들이 다시 모였다. 첫 번째 여자가 의기양양하게 말했다.

"우리 남편은 첫째 날엔 아무것도 안하더라고요. 그리고 둘째 날에 도요. 그러다 셋째 날이 되니까 안 되겠는지 자기가 손수 빨래를 했어요."

그러자 두 번째 여자도 만족한 웃음을 지으며 말했다.

"우리 남편도 첫째 날, 둘째 날엔 아무것도 안 하더니 셋째 날이 되니까 자기가 손수 설거지를 했어요."

그러자 이번엔 세 번째 여자가 시무룩한 표정으로 말했다.

"난, 첫째 날엔 아무것도 안보이더라고요. 그리고 둘째 날에 도요. 그런데 셋째 날이 되니까 서서히 눈 주위 멍 자국에 붓기가 빠지면서 보이기 시작하더라고요! 그래서 전처럼 얼른 부엌일을 시작했죠. 더 이상 맞는다는 것은 미련한 일이라고 생각했어요."

우리 마누라처럼은 못할 껄!

어떤 남자가 하루 일과를 마치고 밤에 집으로 가는데 거리의 꽃이 다가와서 유혹을 했다.

"아저씨, 놀다가용~~"

그러자 남자가 무뚝뚝하게 대꾸했다.

"난 지금 집에 가는 중이야!"

그래도 거리의 여자는 단념하지 않고 계속 따라 붙었다.

"제가 끝내 줄게용~~"

남자는 걸음을 멈추고 여자를 바라보며 말했다.

"끝내 준다구? 그래도 우리 마누라처럼은 못할걸?"

"어머, 사모님은 테크닉이 굉장하신가 보죠?"

거리의 여자는 실망하지 않고 짝 달라붙었다.

"사모님은 어떻게 해주시는데요?"

그러자 남자가 대답했다.

"우리 마누라는 늘 공짜거든!"

원초적 양식

어떤 노처녀가 결혼 이야기만 나오면 이렇게 말하곤 했다.

"남자들은 모두 늑대야! 내가 늑대 밥이 될 것 같아?"

그러던 어느 날…

그녀가 갑자기 친구들한테 결혼을 하겠다고 발표했다.

친구들이 놀라서 물었다.

"아니, 어떻게 된 거야? 절대 늑대 밥은 되지 않겠다고 장담해 놓고선?"

그러자 그녀가 대답했다.

"애들은… 늑대도 뭔가는 먹어야 살 것 아니니!?"

기브 앤 테이크

키가 2미터나 가까이 되는 봉팔이가 어느 마트에 갔다.

물건을 고르려고 식품 진열대 앞에 서 있는데 키 작은 할머니가 맨 위 선반에 있는 물건을 내려 달라고 부탁을 했다.

봉팔이는 기꺼이 물건을 집어 할머니에게 전해 주었다.

할머니가 말했다.

"고마워요, 혹시 아래 진열대에 뭐 필요한 거 없수?"

까불지마, 웃기지마

맞벌이를 하는 부부가 있었다.

아내가 출장을 가며 냉장고에 "까불지마"라고 메모를 붙였다.

그 뜻인즉, "까스 조심하고, 불조심하고, 지퍼 함부로 내리지 말고, 마누라에게 전화하지 말라"였다.

이를 본 남편, 그 즉시 메모를 떼어내고 대신 "웃기지마"라고 붙였다.

그 뜻인즉, (아내가 출장가고 없으니)

"웃음이 절로 나오고, 기분이 너무 좋고, 지퍼 내릴 일도 많아지고, 마누라에게 전화할 시간도 없네…"

이상한 삼각관계

일류 호텔에서 있은 송년 파티에서 어떤 청년이 긴장한 얼굴로 여자친구에게 말했다.

"그렇다면, 우리 사이에 임신 한거야?"

그러자 여자친구가 차분한 어조로 대답한다.

"긴장하고 걱정할 것 없어.

내가 어머니가 된다고 한 건, 있잖아,

너의 어머니가 된다는 말이었어.

사실, 나 다음 달 니 아빠하고 결혼할거란 말이야."

철분

둘째 아이를 가졌을 때,

8살 난 아들이 엄마가 알약을 먹는 것를 보고 무엇이냐고 묻기에 '철분'이라고 가르쳐 주었다.

멈칫 놀라는 표정을 짓더니 아들이 또 물었다.

"엄마, 그럼 이번 내 동생은 로봇을 낳는 거야?"

아들의 귀향

　한 노파가 40년 전에 강제로 끌려간 아들이 집으로 돌아온다는 소식을 듣고 기뻐 어쩔 줄 모른다.
　아들은 정치범으로 체포되어 시베리아 수용소로 추방된 후 연락이 끊긴 상태였다.
　노파가 열차에서 내리는 아들을 금세 알아보자 신문기자가 행복한 노파에게 달려가 묻는다.
　"어떻게 해서 저 노인을 아들이라고 단정합니까?"
　"네, 40년 전에 입고 나간 저 외투를 보고 금방 알아봤죠."

활동적인 운동

　어느 병원의 의사가 환자에게 운동을 조금 더 하면 병 회복에 도움이 될 거라고 말했다.
　기왕이면 활동적인 운동이 더 좋다고 했다.
　그러자 환자가 이렇게 대답했다.
　"전에는 TV에서 골프경기를 보곤 했는데, 앞으론 농구나 축구 경기를 봐야겠군요."

분만통

여자들은 임신을 하면 10개월 동안이나 아기를 뱃속에 넣고 힘들게 보내야 하고, 분만시에도 '분만통'으로 고생을 해야 하는데, 이것은 남녀평등에 어긋나는 것이라고 여자들이 조물주를 찾아가서 분만통은 아기의 아빠가 겪어야 한다고 데모를 했다.

그러자 조물주께서는 그것은 어렵지 않지만 나중에 후회하지 않겠느냐고 하자, 모두들 후회하는 일은 절대 없을 터이니, 분만 시에는 꼭 아기 아빠가 분만통을 겪도록 해달라고 간청을 해서 허락을 받았다.

그런데 며칠이 지난 어느 날 어떤 양반집에서 며느리가 분만을 하게 되었는데, 아들이 아닌 머슴 놈이 배가 아프다고 데굴데굴 배를 쥐어뜯으며 분만통을 겪게 되자, 여자들이 깜짝 놀라서 이거 큰일 났다고 다시 조물주에게 가서 여자들이 다시 분만통을 겪겠다고 사정사정해서 지금도 분만통을 여자들만이 겪는다고 한다.

강한 믿음

혹심한 가뭄이 계속되어 비를 내려달라는 기도회가 열렸다.

"교우 여러분, 오늘 우리가 아무리 비를 내려달라고 해봤자 하느님께서는 결코 비를 내려주지 않을 것입니다!"

기도회에 참석한 교우들이 깜짝 놀랐다.

혹시 목사가 실성한 게 아닌가? 하지만 강론은 계속되었다.

"여러분 중에 한사람이라도 기우제가 끝나고 집으로 돌아가는 길에 비가 쏟아지면 쓰겠다고 우산을 갖고 이 자리에 오신 분 계십니까? 그런 믿음도 없이 집회를 하는데 비를 내려주시겠습니까?"

에어로빅

추석연휴가 지난 후 영실이는 오랜만에 헬스클럽에 나가기 위해 새로 산 분홍색 츄리닝을 입고 거울 앞에 섰더니 전보다 더 날씬해 진거 같아서 기쁜 마음으로 헬스클럽으로 향했다.

에어로빅 강사가 영실이에게 다가오더니 말했다.

"영실씨, 요즘 많이 빠지셨네요."

영실이는 기뻤지만 겸손하게 대꾸했다.

"빠지긴요. 안 빠졌어요."

그러자 강사는 이상하다는 듯이 반문했다.

"추석연휴가 끝난 후로도 며칠 계속 빠지셨잖아요?"

노랭이 구두쇠의 유전

동네사람 1 : 그 녀석 인색한 것이 제 아버지의 유전일게야.

동네사람 2 : 유전? 천만에, 그 아버지가 얼마나 노랭이 구두쇤데 자식한테 물려줄까…

목동의 처지

목장주인이 성난 황소가 목동을 들이받으려고 날뛰는 것을 보았다.

목동은 마침 가까이에 있는 구덩이 속으로 몸을 숨겼다.

황소는 맹렬히 돌진하여 구덩이를 스쳐 지나갔다.

목동이 다시 구덩이에서 나오니 황소는 더욱 맹렬하게 공격해왔다.

목동은 또 구덩이로 뛰어들 수밖에…

이러기를 여러 번 반복하는 것을 보고 목장 주인은 소리를 꽥 질렀다.

"나오지 말고 구덩이 속에 좀 가만히 있어!"

목동은 다시 뛰어나오며 외쳤다.

"이 구덩이 속에는 뱀이 있는 걸요!"

비둘기

어떤 사람이 통신용 비둘기 사육사로서 명성을 얻었다.

그가 키운 비둘기들은 빠르고 정확한데는 타의 추종을 불허했다.

번지수까지 정확히 찾아 100% 소식을 전달해 주기 때문이었다.

성공의 비결을 묻는 질문에 그는 이렇게 대답했다.

"나는 비둘기들을 앵무새와 교배합니다. 그래서 길을 물어서 찾아 갈 수 있답니다."

술 먹고 가는 곳?

여 1 : 요즘 니 남편은 어떻게 지내시냐?

여 2 : 글쎄 술 마시고는 매일 싸구려 극장에 가나봐.

여 1 : 싸구려 극장?

여 2 : 응, 술 마신 뒤엔 항상 '필름이 끊겼다'고 하거든…

이유 1

"여자 4명이 텐트치고 노는데,
남자 4명이 와서 같이 놀자며
텐트 안으로 들어오겠다고 할 때
허락하면 절대 안돼!"
"왜요?"
"좁아~!"

이유 2

"너희들 술 잔뜩 마시고 깜깜한 밤에
바닷물에 들어가면 안돼!
특히 비싼 양주를 마시곤 절대 안돼!"
"왜요?"
"술 깨~!"

불타는 맞선

어느 무더운 여름날, 남녀가 주변에서 간곡하게 부탁을 해 겨우 맞선을 보게 되었다.

여자가 갖은 멋을 부려 약속 장소에 나갔는데, 맞선을 보기로 한 남자가 2시간이 지나서야 어슬렁거리며 나타난 것이었다.

평소 한 성깔 하던 여자는 열을 받아서 가만히 앉아 있다가 드디어 남자에게 한 마디 했다.

"개새끼…… 키워 보셨어요?"

여자는 속으로 쾌재를 불렀다.

그런데 그 남자는 입가에 미소를 지으며 말했다.

"십팔년… 동안 키웠죠."

헉~ 강적이다! 여자는 속으로 고민하다, 새끼손가락을 쭈~욱 펴서 남자 얼굴에 대고 말했다.

"이 새끼…… 손가락이 제일 이쁘지 않아요?"

하지만 절대 지지 않는 맞선 남자, 이번에도 어김없이 말을 받아쳤다.

"이 년(인연)이…… 있으면 다음에 또 만나죠!"

잠자리가 인연

여름 휴가철이 막 지나고 초가을이 되었다.

가족들과 함께 자연의 맑은 계곡물을 즐기러 산으로 갔다.
점심식사 후 술기운에 텐트 속에서 잠을 청하였다.

얼마 후 일어나 보니 가족들은 모두 어디론가 가고 혼자
남았다.

그런데 텐트 뒷쪽에서 인기척이 났다.

돌아가 보니 어여쁜 아가씨가 열심히 뭔가에 열중하고 있
었다.

가까이 다가가 보니 고추잠자리를 잡으려 살금살금 다가
가고 있었다.

"지금 뭐하시는 건가요?"

"조카 자연과목 숙제로 곤충채집해 주려고요."

"제가 잠자리 잡는 걸 도와 드리죠…"

이렇게 인연이 된 둘은 드디어 '잠자리'를 같이하게 됐다나.

노처녀와 맹구

서른을 갓 넘긴 노처녀가 맹구에게 물었다.

"내가 몇 살 정도로 보이니?"

맹구는 그녀를 요모조모 살펴보더니 입을 다물었다.

"내말 안 들려? 몇 살 정도로 보이냐고 물었잖아!"

그녀가 재차 묻자 맹구는 우물쭈물하면서 말했다.

"잘 모르겠는데요"

그러자 노처녀는 이유가 궁금했다.

"모르겠다고 하는 이유가 도대체 뭐야?"

맹구는 말하고 싶지 않았지만 자꾸 다그쳐 물어보니 대답하지 않을 수 없었다.

"저 마흔까지밖에 세지 못하거든요."

맹구는 그날 그 노처녀에게 죽도록 얻어맞았다.

가장 높은 집

어느 날 학교에서 아이들끼리 누구네 집이 가장 높은지를 자랑했다.

"우리 집은 18층이다."

"우리 집은 30층이다."

산동네에 살고 있던 영구가 가만히 듣고 있다가 한마디 했다.

"너희들, 약수터에 물 뜨러 내려가야 하는 집 봤어?"

젖소의 마음

젖소가 풀을 뜯고 있는 옆을 어린이들이 지나가고 있었다.

젖소가 흐뭇한 미소를 지으며 그들을 바라보았다.

젖소가 어린이들을 바라보며 무어라 했을까?

"내 젖 먹고 자란 아그들, 참 귀엽기도 해라."

유람선 여행

멍청이가 유람선을 타고 여행을 하던 중 자신이 묵는 방 번호를 잊어버렸다.

그래서 선원에게 가서 말했다.

멍청이 : 내 방 번호를 까먹었소.

선　원 : 혹시 묵으시던 방 근처에 뭐가 있었는지 기억 나십니까?

멍청이 : (한참을 생각하다가) 아! 창밖으로 등대가 하나 보였어요.

현상 수배범

유치원에서 경찰서로 견학을 갔는데 아이들이 벽에 붙여 있는 현상 수배범들의 사진을 보고 한 아이가 선생님에게 물었다.

"선생님, 경찰 아저씨들이 저 사람들을 찾고 있어요?"

"그렇단다."

그러자 그 아이가 사진을 계속 쳐다보며 물었다.

"그럼, 저 사진을 찍을 때는 왜 안 잡았대요?"

믿음의 한계

서로 적대관계에 있는 종교를 가진 부부가 있었다.

어느 날 부인이 자기가 다니는 성당의 신부에게 의논하였다.

"신부님, 정말 무서워 죽겠어요. 제가 계속 성당에 나가면 남편이 저를 죽이겠답니다. 어떻게 하면 좋을까요?"

"오… 가엾게도 그런 일이 있었군요. 내가 계속 기도를 하겠습니다.

믿음을 가지세요. 하나님이 당신을 지켜 주실 겁니다."

며칠이 지나 그 부인이 다시 찾아왔다.

"신부님, 아직까지는 무사합니다만 그러나…"

"그러나, 또 무슨 문제가 있지요?"

"어제는 남편이 다른 말을 했어요. 제가 만약 계속 성당에 다닌다면 신부님을 죽이겠다고요."

"음… 그래요? 그렇다면 이제 결심을 해야 할 때가 됐군요. 마을 저편에 있는 회교도 성당으로 가보세요."

하모니카

해군 장교가 결혼을 하자마자 멀리 떨어진 섬으로 파견 근무를 가게 되었다.

몇 주가 지나자 아내가 보고 싶어져서 편지를 썼다.

"사랑하는 당신! 이곳에서 근무하는 동안에는 외출이 금지되기 때문에 집에 갈 수가 없다는군. 당신이 보고 싶어서 어쩌지?

그런데 여기 섬의 원주민 아가씨들이 너무 매력 있고 예뻐서 놀랬어. 유혹을 이겨낼 수 있는 적당한 취미생활이 없을까?"

며칠 후, 답장과 함께 하모니카가 배달되어왔다.

"여보, 이 하모니카를 불면서 유혹을 이기세요."

일 년의 시간이 흘러 그가 집으로 돌아오게 되었다.

"여보! 나 왔어. 당장 침대로 가자구. 더 이상 참을 수가 없어!"

그러자 아내가 말했다.

"잠깐만요. 그 전에 그 동안 연습한 하모니카 솜씨 좀 보고 나서요."

가스가 차서

어느 신부가 수녀원을 방문하여 수녀에게 말했다.

"자매님의 배가 좀 나오신 것 같네요?"

"아, 배에 가스가 좀 차서요."

두달 후 신부가 다시 수녀원을 찾았다.

"수녀님, 배가 더 나온 것 같아요. 혹시 무슨 일이라도?"

"아니예요. 배에 가스가 차 있어서요."

다시 몇 달 뒤 신부가 수녀원을 찾자 수녀는 유모차에 아기를 태우고 놀고 있었다.

그러자 신부가 아기를 보며 말했다.

"드디어 방귀가 나왔군요!"

사라진 상어의 비밀

어느 여행객이 플로리다 해안가에서 보트 낚시를 즐기던 중에 그만 보트가 뒤집히고 말았다.

그는 수영을 할 줄 알았지만 상어가 무서워서 전복한 보트를 꼭 붙잡고 있었다.

해변에 서 있는 노인을 발견한 그 여행객은

"이 주변에 상어가 있나요?" 하고 소리쳤다.

"아니오, 몇 년 동안 통 보이지 않았소!"

그 말에 그는 안도의 한숨을 내쉬고 느긋하게 해변을 향해 헤엄을 치기 시작했다.

그렇게 반쯤 헤엄쳐 왔을 때 다시 노인에게 물었다.

"어떻게 했길래 그 위험한 상어들이 사라졌나요?"

"우리가 한 건 아무것도 없소."

그러면서 노인이 덧붙였다.

"대형 악어 수가 늘어나더니 상어가 사라졌소."

거시기의 문신

한 남자가 문신하는 곳에 가서 거시기에 100달러짜리 지폐 그림으로 문신을 새겨주면 1,000달러를 주겠다고 했다.

그러자 문신을 새기는 사람이 왜 하필 거기다가 문신을 새기냐고 물었다.

남자가 대답했다.

"지금은 별로 그 이유를 말하고 싶지가 않군요."

문신 새기는 사람은 더 이상 묻지 않고 그가 원하는 대로 남자의 거시기에다 100달러짜리 그림으로 문신을 새겨 넣기 시작했다.

그러나 작업을 진행하는 동안에 그 이유를 알고 싶어서 안달이 날 지경이었다.

그래서 그 이유를 말해 주면 1천 달러의 작업비용을 50% 깎아주겠다고 했다.

남자는 그제야 이유를 말했다.

"첫째 나는 내 돈을 가지고 장난치고 싶소.

둘째, 내 돈이 커지는 것을 보고 싶소.

마지막으로 가장 중요한 건데……

내 아내가 100달러를 달라고 하면 이걸 주려고 하오."

세상에서 제일 맛있는 것

아들을 데리고 동물원에 간 어머니가 원숭이 우리 앞에 멈춰 섰다.

원숭이가 안 보인다고 칭얼대는 아들의 성화에 어머니는 사육사에게 물었다.

"원숭이가 모두 어디로 갔나요?"

"요즘 발정기라서 굴에 틀어박혀 통 안 나와요."

그러자 아들 손에 들고 있던 땅콩과 바나나를 사육사에게 보이며

"저어… 혹시 이걸 던져주면 나올까요?"

그러자 사육사가 싱긋 웃으면서 말했다.

"아니! 댁이라면 세상에서 제일 맛있는 것을 먹고 있을 때 그까짓 땅콩이나 바나나 준다고 나오겠어요?"

내 젊었을 때 그랬지

골프장을 찾은 상구에게 한 노인이 다가와 말했다.

"나도 혼자 왔는데 같이 내기 게임 한판 하는 게 어떻겠소?"

상구는 흔쾌히 승낙했다.

그리고 시합한 결과 서로 비슷한 점수로 마지막 라운드까지 가고 있었다.

그런데 상구에게 어려운 상황이 주어졌다.

공이 10미터도 넘는 커다란 나무가 앞에 떨어진 것이다.

상구가 계속 고민을 하지 노인이 충고하듯 말했다.

"내가 젊었을 때 이곳에서 비슷한 상황에 놓인 적이 있었지. 그때 나는 공 아래를 쳐서 나무 위로 넘겨서 성공했었다네."

상구는 좋은 생각이라며 나무 위로 공을 넘길 결심을 하고 있는 힘을 다해 공 아래를 쳤다.

하지만 공은 나무 윗가지를 맞고 다시 제자리에 떨어지고 말았다.

"아니 어르신, 옛날에 이 나무를 넘기셨다고 했잖아요."

"물론이지, 내가 젊었을 때는 이 나무 높이가 내 키 높이 정도 됐었지."

대통령의 암행

어느 나라 대통령이 자신에 대한 사람들의 솔직한 평가를 듣고 싶었다.

그는 안경(눈 쌍가풀을 가리기엔 필수 소품)과 가짜 수염으로 변장을 하고서 어느 작은 마을로 갔다.

거기서 어떤 농부를 만나자 이렇게 물었다.

"어디 좀 들어봅시다. 대통령에 대해 어떻게 생각하세요?"

농부는 은밀히 주위를 살피더니 변장한 대통령을 자기 집으로 데리고 들어갔다.

대문, 창문을 모두 닫고 나서 그는 소리를 나직이 죽여서 말했다.

"우리끼리 얘긴데, 나 그 사람 아주 마음에 들어요."

꾸지람

엄마 : 여보, 미정이가 점점 말을 안들어요.

　　　정신 차리게 호되게 꾸지람이라도 한마디 해주세요.

아빠 : 미정아, 너 점점 엄마를 닮아가고 있고나! 안돼!!

촛불 두개

부자(父子)가 같은 만찬회에 참석하게 되었는데, 아버지는 아들에게 한마디 충고해 두는 것이 좋겠다는 생각이 들었다.

연회가 한참 진행되고 나서 그는 아들을 불러놓고 타일렀다.

"얘, 저기 촛불 두개가 보이지. 저게 넷으로 보이게 되면 일어나서 집에 가야 하는 거다."

그러자 아들이 말했다.

"알겠어요. 하지만 지금 저기엔 촛불이 하나뿐인걸요. 그러니 아버지께서 먼저 귀가 하셔야 할 것 같아요."

어떻게 알았지?

사장실에서 사장과 부사장이 가벼운 대화를 나누고 있었다.

사　장 : 우리 정도 나이에서 체중 적은 편이 좋은 거야. 그게 더 건강한 거라더군.

부사장 : 네, 의사도 그렇게 말하더군요.

사　장 : 자네랑 나, 둘 중에 누가 더 무거울 것 같나?

부사장 : 사장님께서 더 무거우실 것 같은데요…

사　장 : 아니야, 난 75kg이 안된다고 내가 더 가볍지 않나?

부사장 : 하지만 사장님은 허리둘레가 있으시지 않습니까…?

사　장 : 아니래도! 자네가 키가 커서 더 무거워, 분명히!

서로 몸무게가 적게 나간다고 언성을 높이자 도중에 조용히 일을 하던 여비서가 한마디로 언쟁을 끝냈다.

"사장님이 더 무거우세요!"

내 고향은 충청도입니다

어떤 서울 사람이 직장을 잃고 하는 수 없이 시골로 이사를 왔습니다.

그곳은 충남 대전 근교에 있는 작은 마을이었습니다.

그 사람은 이웃 남자에게 감탄을 하며 말했습니다.

"물도 맑고, 공기도 좋고, 너무 좋군요. 어떤 병도 다 고칠 수 있을 것 같습니다."

그러자 시골에 살고 있는 남자가 말했습니다.

"그렇고 말고요, 제가 여기 처음 왔을 때에 저는 머리카락도 몇 개 없었고, 방안을 걸어 다닐 힘도 없어서 방에서만 기어다녔지요.

어디를 갈 때에는 어머니에게 업혀 다녔지요. 보세요. 그런데 지금은 이 냉장고도 훌쩍 들 정도로 힘이 생기지 않았습니까?"

그러자 서울에서 온 사람이 깜짝 놀라면서

"그 정도로 좋습니까? 언제부터 여기에서 사셨습니까?"

"네, 저는 한 살 때 이곳에 이사 와서 지금까지 삽니다."

Mr. & Mrs.

"당신, 간밤에 도둑이 들었다고 하더니 진짜 도둑이 들었 었나 보군."

남편이 옷을 챙겨 입으면서 말했다.

"어째서요?"

"내 호주머니 돈이 몽땅 없어졌으니 하는 말이오."

"당신이 용감하게 자리에서 일어나 그 도둑에게 총을 쐈 다면 지금 그 돈은 그대로 있을 것 아니에요."

"그랬을 수도 있겠지. 하지만 난 홀아비 신세가 됐을걸."

여름날 수박 한쪽

일곱 살 영수네 집에 아빠 친구 분들이 잔뜩 오셨다.

마침 날씨도 덥고 목도 말라서 큰 수박을 한통 사왔다.
엄마가 부엌에서 수박을 자르고 영수는 나르는 일을 도왔다.

맨 처음 자른 수박 한쪽을 접시에 담아 아빠 앞에 놓았다.

그러자 아빠가 그것을 옆에 있던 손님에게 밀어주는 것이 아닌가.

영수는 또다시 수박 접시 하나를 들고 아빠 드시라고 앞에 놓았다.

이번에도 아빠는 수박을 또다시 옆의 사람에게 밀어준다.

그것을 본 영수, 아빠에게 귓속말로 속삭였다.

"아빠, 그냥 잡수세요. 다른 것도 크기는 다 똑같단 말예요."

여비서 실수담

저 초보 때,
외부에서 전화와서 어른을 찾으시기에
옆의 분에게 물었더니,
'댁으로 가셨어'하기에
'대구로 출장 가셨다는데요' 했답니다.
사무실 뒤집어졌지요.

바로 오늘 있었던 일인데요.
상사 분 거래처 경조금件으로 전표를 치다가
(장남 ○○○), (차녀 ○○○)라고 써야하는데…
혹시나 틀린 거 없나 확인했더니, 글쎄,
(장남 ○○○)은 제대로 썼는데,
(창녀 ○○○)라고 오타를 쳤지 뭐예여~
저, 정말 큰 일 날 뻔했습니다.

초보시절,
손님 세 분 오셨는데, '여기 커피 한 잔 줘요' 하시기에,
저는 한잔 달랑 갖다 드렸습니다.

한창 신입 때 일입니다.

한번은 사장님이 부의賻儀봉투 하나를 달라고 하시더라구요.

부의 봉투 어떤 건지 아시지요?

상가 집 갈 때 조의금 넣는 봉투요~. 당시엔 몰랐거든요.

저는 좀 의아해 하며 사장님이 찾으시는 봉투를 열심히 만들어서 갖다 드렸습니다.

먼저 사무실에서 많이 쓰는 누런 대 봉투에다 굵은 매직으로 'V'자를 큼지막하게 써서 사장님 책상 위에 올려놓고 나왔지요.

저 그날 이후 월급 못 받는 줄 알았어요.

고문

사내와 그 아들이 함께 음악회에 갔다.

어느 소프라노 가수의 노래는 정말 앉아서 듣고 있을 수가 없을 정도로 형편없었다.

아들이 물었다.

"저 여자가 정기적으로 형무소 위문 음악회에서 노래를 부르고 있다는 것이 정말이에요?"

그러자 사내가 대답했다.

"그럼 정말이고 말고, 만약 네가 나쁜 짓을 하려고 한다면 우선 넌 저 여자의 노래를 정기적으로 들을 각오해야 할 것이다!"

니가 남편 맞냐? 맞냐구??

한 여자가 남편이 이제 자신에 대해서 관심이 없다고 생각하고 남편을 테스트 하기로 했다.

저녁이 되어 남편이 피곤한 모습으로 집에 들어왔다.

부인 : 여보, 저 오늘 바뀐 것 없어요?

남편 : 글쎄… 머리 새로 했어?

부인 : 아니에요. 다시 맞춰 봐요.

남편 : 음… 그럼 새 옷을 입었나?

부인 : 틀렸어요.

남편 : 아하, 메니큐어를 새로 했구만.

부인 : 아니에요. 다시 해봐요.

남편 : 이것 봐, 나 오늘 너무 피곤해. 스무고개 하며 놀 시간이 없다구.

그러자 여자 왈…

부인 : 여보 제발 내 얼굴 좀 한번 쳐다 보고 말해 봐요. 난 지금 방독면을 쓰고 있다구요!

방송연예과
김웅래 교수 정년기념
"마지막 수업"

주제 : 찰리채플린을 통해 본 나의 삶
CHARLIE CHAPLIN

일시 : 2011. 6. 20 (月)
오후 5시

장소 : 인덕대학 은봉홀

※공개강의에 참가 한 모든 분께
김웅래교수의 정년기념 조크북을 드립니다

"위 포스터는 인덕대학에서 6월 20일 개최한 정년기념 공개강의 포스터입니다"

김웅래는

경기도 장단 출생으로 고려대학교 영어영문학과를 졸업 후 중대 신
문방송대학원에서 "한국텔레비전 코미디프로그램의 통제유형에 관
한 연구"로 석사학위를 받았다. 1973년 가을 TBC(지금에 KBS2)에
프로듀서로 입사한 후 1974년 방송사상 최초의 개그프로그램인 '살
짝기 웃어예'를 제작 지휘 하였고, 대한민국 대표 코미디프로그램 신
화를 이룩한 '유머1번지'를 통해 수많은 개그맨들을 데뷔시킨바 있다.
김웅래는 방송국 입사 이후부터 지금껏 코미디프로 연출자로 일관했
으며 시트콤인 '아무도 못말려', '고전 해학극장', '가족 오락관', '시사
터치 코미디파일', '쇼 행운열차', '한반도 유머총집합' 등을 연출하였
고 저서로는 "유머 개그 야사", "입술 터진 하마도 노래방 가냐?", "지
금소총", "훔쳐보는 공포", "웃음은 국민의 기본권이다 1,2,3권", "섹시
한 아내, 간큰 남편 1,2권", "김웅래 PD의 오디오 북", "한국을 웃긴
250가지 이야기", "잡담으로 성공하기", "방송연예론" 외 다수의 저서
를 펴냈으며 현재는 인덕대학 방송연예과 교수로 재직 중이다.

김웅래 교수 정년기념

 개그폭탄 일팔공

초판인쇄 2011년 6월 9일
초판발행 2011년 6월 20일

저　　자 김웅래

발 행 처 제이앤씨
발 행 인 윤석현
책임편집 조성희
교정교열 최정효
등록번호 제7-220호

우편주소 (132-702) 서울시 도봉구 창동 624-1 북한산 현대홈시티 102-1206
대표전화 (02) 992-3253
전　　송 (02) 991-1285
홈페이지 http://www.jncbms.co.kr
전자우편 jncbook@hanmail.net

ISBN 978-89-5668-854-1 03680　　　**정가** 6,000원